外贸经理人的MBA工具书

F O R E I G N　T R A D E

外贸企业财务会计与结算实训

王慧宇　编著

全国百佳图书出版单位

化学工业出版社

·北京·

内容简介

《外贸企业财务会计与结算实训》一书首先介绍外贸会计基础知识，再一一地就外贸企业的各项财务业务——外汇业务核算、外贸结算核算、进口业务会计核算、出口业务会计核算、加工贸易会计、其他进出口业务的会计核算、出口货物退（免）税会计业务、外贸企业的会计报表等进行阐述。

本书采用图文解读的方式，让读者在轻松阅读中了解外贸企业财务会计与结算过程中的要领并学以致用。本书尽量做到去理论化、注重实操性，以精确、简洁的方式描述重要知识点，最大化地满足读者希望快速掌握外贸企业财务会计与结算实操技能的需求。

通过本书的学习，外贸会计可以全面掌握外贸企业财务会计与结算的各项技能，更好地开展外贸会计与结算工作。同时，本书也可以作为外贸企业财务会计、外贸企业管理者、各高校国际经济与贸易专业的学生自我充电、自我提升的学习手册和日常管理工作的指导手册，还可以作为相关培训机构开展岗位培训、团队学习的参考资料。

图书在版编目（CIP）数据

外贸企业财务会计与结算实训/王慧宇编著. —北京：化学工业出版社，2022.11
(外贸经理人的MBA工具书)
ISBN 978-7-122-42121-0

Ⅰ.①外… Ⅱ.①王… Ⅲ.①外贸企业会计 Ⅳ.①F740.45

中国版本图书馆CIP数据核字（2022）第164132号

责任编辑：陈　蕾　　装帧设计：溢思视觉设计 E-mail：isstudio@126.com / 程超
责任校对：张茜越

出版发行：化学工业出版社（北京市东城区青年湖南街13号　邮政编码100011）
印　　装：大厂聚鑫印刷有限责任公司
787mm×1092mm　1/16　印张13　字数244千字　2023年5月北京第1版第1次印刷

购书咨询：010-64518888　　售后服务：010-64518899
网　　址：http://www.cip.com.cn
凡购买本书，如有缺损质量问题，本社销售中心负责调换。

定　　价：68.00元

前言

PREFACE

随着全球经济整体回暖、外需逐步恢复，我国部分企业的外贸订单持续增加，对外贸易持续增长，实现规模和市场份额双双提升。同时，我国系统性惠企政策也为“稳外贸”提供了有力的支撑。各地进一步深化“放管服”改革，简化通关手续，优化作业流程，全面推进两步申报、绿色通道、免到场查验等便利措施，使通关效率大大提升。各部门加大金融、保险、财税支持力度，帮助外贸企业渡难关、降成本、保市场、保订单，有力地促进了出口贸易发展。

围绕“稳外贸”工作目标，我国各级政府部门、外贸企业不断策划线上线下活动，开展线上培训，及时发布外贸政策、外贸业务知识、国际贸易形势及风险提示等，大力推动外贸企业和电商企业健康蓬勃发展，并助力外贸企业开拓国外市场，实现国际国内双循环发展。

我国《关于加快发展外贸新业态新模式的意见》指出，“新业态新模式是我国外贸发展的有生力量，也是国际贸易发展的重要趋势。加快发展外贸新业态新模式，有利于推动贸易高质量发展，培育参与国际经济合作和竞争新优势，对于服务构建新发展格局具有重要作用。”

新技术新工具的应用可以加速我国外贸健康可持续发展。例如，推广数字智能技术应用；完善跨境电商发展支持政策，扩大跨境电子商务综合试验区试点范围；培育一批优秀海外仓企业，鼓励传统外贸企业、跨境电商和物流企业等参与海外仓建设；完善覆盖全球的海外仓网络，提高海外仓数字化、智能化水平，促进中小微企业“借船出海”，带动国内品牌、双创产品拓展国际市场空间等。

在政府的支持下，我国外贸企业迎来了更多的发展机遇，同时也遇到了更大的挑战。为了帮助外贸企业管理工作者更好地完成本职工作，充分发挥外贸企业人员在企业发展中的作用，我们组织有关专家学者编写了本书。

《外贸企业财务会计与结算实训》一书，首先介绍了外贸会计基础知识，然后就外贸企业的各项业务——外汇业务核算、外贸结算核算、进口业务会计核算、出口业务会计核算、加工贸易会计、其他进出口业务的会计核算、出口货物退（免）税会计业务、外贸企业的会计报表等进行阐述。

本书采用图文解读的方式，让读者在轻松阅读中了解外贸企业财务会计与结算过程中的要领并学以致用。本书尽量做到去理论化、注重实操性，以精确、简洁的方式描述重要知识点，最大化地满足读者希望快速掌握外贸企业财务会计与结算实操技能的需求。

通过本书的学习，外贸会计可以全面掌握外贸企业财务会计与结算的各项技能，更好地开展外贸会计与结算工作。同时，本书也可以作为外贸企业财务会计、外贸企业管理者、各高校国际经济与贸易专业的学生自我充电、自我提升的学习手册和日常管理工作的指导手册，还可以作为相关培训机构开展岗位培训、团队学习的参考资料。

由于编者水平有限，书中难免出现疏漏，敬请读者批评指正。

编著者

目录
CONTENTS

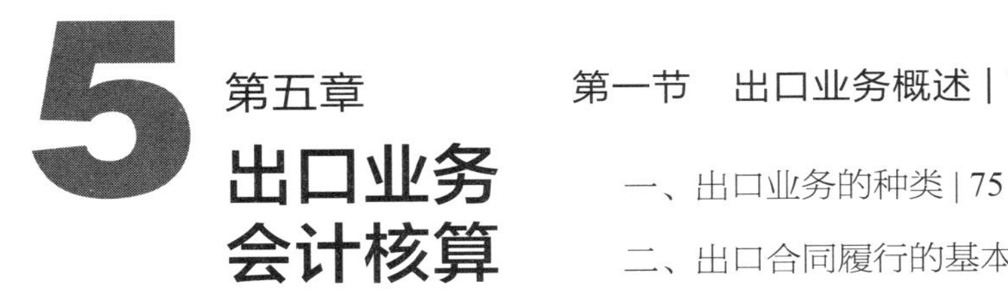

5 第五章 出口业务会计核算

6 第六章 加工贸易会计

7 第七章 其他进出口业务的会计核算

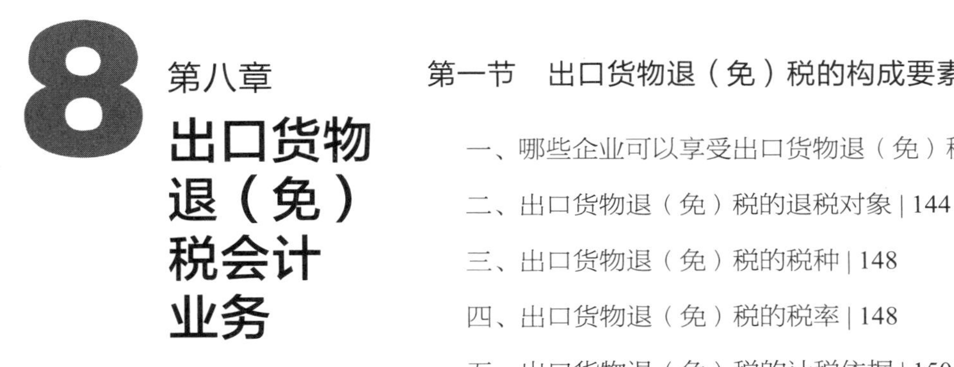

8 第八章 出口货物退（免）税会计业务

9 第九章 外贸企业的会计报表

01

第一章

外贸会计基础知识

【本章要点】

- 外贸企业会计的对象与特点
- 贸易术语的价格构成及核算

第一节　外贸企业会计的对象与特点

一、外贸企业会计的对象

外贸企业会计的对象与内贸企业基本相同。只是因为增加了外汇核算和涉外税收的核算内容，比内贸企业要复杂一点。同时，外贸会计很可能以两种形式的货币进行会计计量，相对来说比较烦琐。而且它的核算内容、经济活动流程是以加工、来料加工、出口贸易、输出劳务等为主，侧重于贸易。

外贸会计对象，是指外贸企业会计核算和监督的内容，也就是外贸企业进出口商品流转过程中的资金运动。

外贸企业的业务分进口业务和出口业务，两者的资金运动如图 1-1 和图 1-2 所示。

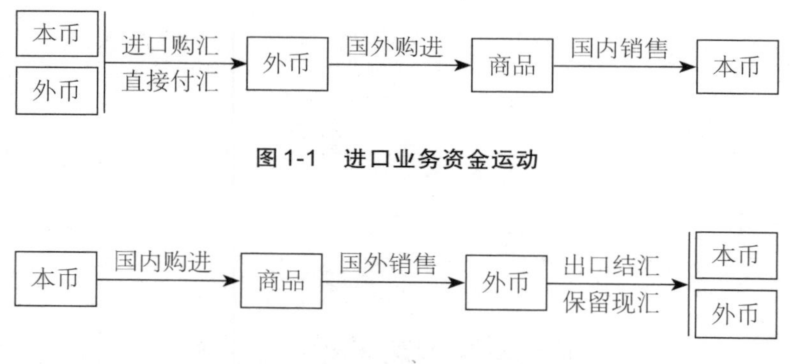

图 1-1　进口业务资金运动

图 1-2　出口业务资金运动

二、外贸会计业务的特点

外贸会计因其特殊的资金流转环节，形成了有别于国内其他企业非外贸会计的特点。外贸会计主要有以下 4 个方面的特点：

（1）外贸会计比普通会计多了很多账户，主要有外币结算、汇兑损益、退税、收汇核销等。为反映外汇收支、结算情况，外贸会计要设置与外汇有关的账户。这些账户要设计复币式的账簿格式，以分别反映外币和人民币金额的增减变化情况。

（2）外贸会计科目与一般企业会计科目的主要区别在于会计核算，其中收益核算、进出口贸易的出口退税核算是关键。

（3）对外贸易既要遵守国际法规和国际惯例，又要按照我国对外贸易的政策与法规进行。因此，在会计处理上要与国际接轨，表现出与商业会计的不同。

（4）外贸会计需要对外贸企业的出口退税工作进行处理。

第二节　贸易术语的价格构成及核算

贸易术语，又叫“价格术语”“交货条件”，是在长期的国际贸易实践中逐渐形成的，用以确定买卖标的物价格，买卖双方各自承担的费用、风险、责任范围的，以英文缩写表示的专门术语。最新版本的《国际贸易术语解释通则2020》（Incoterms® 2020）中共有11种贸易术语，一般常用的有FOB、CFR、CIF。作为会计人员，应主要了解这三种贸易术语及其之间的换算关系。

一、FOB、CFR和CIF三种贸易术语的价格构成

这三种术语仅适用于海上或内河运输。在价格构成中，通常包括3方面内容：进货成本、费用和净利润。费用的核算最为复杂，包括国内费用和国外费用。

（一）国内费用

（1）加工整理费用。

（2）包装费用。

（3）保管费用（包括仓租、火险等）。

（4）国内运输费用（仓至码头）。

（5）证件费用（包括商检费、公证费、领事签证费、产地证费、许可证费、报关单费等）。

（6）装船费（装船、起吊费和驳船费等）。

（7）银行费用（贴现利息、手续费等）。

（8）预计损耗（耗损、短损、漏损、破损、变质等）。

（9）邮电费（电报、电传、邮件等费用）。

（二）国外费用

（1）国外运费（自装运港至目的港的海上运输费用）。

（2）国外保险费（海上货物运输保险）。

（3）如果有中间商，还包括支付给中间商的佣金。

（三）计算公式

FOB价=进货成本价+国内费用+预期利润

CFR价=进货成本价+国内费用+国外运费+预期利润

CIF价=进货成本价+国内费用+国外运费+国外保险费+预期利润

二、FOB、CFR和CIF三种贸易术语的换算

报价通常使用FOB、CFR、CIF三种价格。外贸企业对外报价核算时，应按照如下步骤进行：明确价格构成，确定成本、费用和利润的计算依据，然后将各部分合理汇总。

FOB、CFR和CIF三种贸易术语价格之间的换算方式及公式介绍如下：

（一）FOB价换算为CFR价或CIF价

（1）FOB价换算为CFR价的公式：

$$\text{CFR}=\text{FOB}+\text{F（国外运费）}$$

（2）FOB价换算为CIF价的公式：

$$\text{CIF}=\frac{\text{FOB}+\text{F（国外运费）}}{1-\text{保险费率}\times\text{（}1+\text{投保加成率）}}$$

（二）CFR价换算为FOB价或CIF价

（1）CFR价换算为FOB价的公式：

$$\text{FOB}=\text{CFR}-\text{F（国外运费）}$$

（2）CFR价换算为CIF价的公式：

$$\text{CIF}=\frac{\text{CFR}}{1-\text{保险费率}\times\text{（}1+\text{投保加成率）}}$$

（三）CIF价换算为FOB价或CFR价

（1）CIF价换算为FOB价的公式：

FOB=CIF−I（保险费）−F（国外运费）

（2）CIF价换算为CFR价的公式：

CFR=CIF−I（保险费）

实例1

某外贸公司收到爱尔兰某公司采购6 000双牛皮革冬靴［一个40英尺（1英尺≈0.3米）集装箱］的询盘，经了解每双冬靴的进货成本人民币90元（含增值税13%），进货总价：90×6 000=540 000元；出口包装费每双3元，国内运杂费共计12 000元，出口商检费350元，报关费150元，港区港杂费900元，其他各种费用共计1 500元。外贸公司向银行贷款的年利率为8%，预计垫款两个月，银行手续费率为0.5%（按成交价计），出口冬靴的退税率为10%，海运费：大连—都柏林，一个40英尺集装箱的海运费是3 800美元，客户要求按成交价的110%投保，保险费率为0.85%，并在价格中包括3%的佣金。若外贸公司的预期利润为成交金额的10%，人民币对美元的汇率为6.42 ∶ 1，试计算每双冬靴的FOB、CFR、CIF价格？

（1）FOB、CFR和CIF三种价格的基本构成

FOB：成本+国内费用+预期利润

CFR：成本+国内费用+出口运费+预期利润

CIF：成本+国内费用+出口运费+出口保险费+预期利润

（2）核算成本

$$实际成本=进货成本-退税金额（退税金额=\frac{进货成本}{1+增值税率}\times退税率）$$

$$=90-\frac{90}{1+13\%}\times10\%=82.0354(元/双)$$

（3）核算费用

① 国内费用=包装费+（运杂费+商检费+报关费+港区港杂费+其他费用）+进货总价×贷款利率÷12×贷款月份

=3×6 000+（12 000+350+150+900+1 500）+540 000×8%÷12×2

=18 000+14 900+7 200=40 100（元）

单位货物所摊费用=40 100元 ÷ 6 000双=6.683 3（元/双）（注：贷款利息通常以进货成本为基础）

② 银行手续费=报价 ×0.5%

③ 客户佣金=报价 ×3%

④ 出口运费=3 800 ÷ 6 000 × 6.42=4.066（元/双）

⑤ 出口保险费=报价 ×110% ×0.85%

（4）核算利润

利润=报价 ×10%

（5）三种贸易术语报价核算过程

① FOB C3报价的核算：

FOB C3报价＝实际成本＋国内费用＋客户佣金＋银行手续费＋预期利润

=82.0354+6.683 3+FOB C3报价 ×3%+FOB C3报价 ×0.5%+FOB C3报价 ×10%

=88.718 7+FOB C3报价 ×13.5%

等式两边移项得：

FOB C3报价－FOB C3报价 ×13.5%=88.718 7（元）

FOB C3报价=102.565（元）

折成美元：FOB C3报价=102.565 ÷ 6.42元=15.975 9（美元/双）

② CFR C3报价的核算：

CFR C3报价＝实际成本＋国内费用＋出口运费＋客户佣金＋银行手续费＋预期利润

=82.035 4+6.683 3+4.066+CFR C3报价 ×3%+CFR C3报价 ×0.5%+CFR C3报价 ×10%

等式两边移项并计算得：

CFR C3报价－（CFR C3报价 ×3%+CFR C3报价 ×0.5%+CFR C3报价 ×10%）=92.784 7（元）

CFR C3报价=107.265 5（元）

折成美元：CFR C3报价=107.265 5 ÷ 6.42=16.708（美元/双）

③ CIF C3报价的核算：

CIF C3报价＝实际成本＋国内费用＋出口运费＋客户佣金＋银行手续费＋出口保险费＋预期利润

=82.035 4+6.683 3+4.066+CIF C3报价 ×3%+CIF C3报价 ×0.5%+CIF C3报价 ×110% ×0.85%+CIF C3报价 ×10%

等式两边移项得：

CIF C3报价=108.437 7（元）

折成美元：CIF C3报价=108.437 7÷6.42=16.890 6（美元/双）

（6）三种价格对外报价

通常在计算时保留4位小数，但在最后报价时取小数点后两位就可以了：

① USD15.98/pair including 3% commission，FOB C3 Dalian（每双15.98美元，包括3%佣金，大连港船上交货）。

② USD16.71/pair including 3% commission，CFR C3 DUBLIN（每双16.71美元，包括3%佣金，成本加运费至都柏林）。

③ USD16.89/pair including 3% commission，CIF C3 DUBLIN（每双16.89美元，包括3%佣金，成本加运费、保险费至都柏林）。

三、出口报价核算

（一）报价数量核算

在国际货物运输中，经常使用20英尺和40英尺集装箱，20英尺集装箱的有效容积为25立方米，40英尺集装箱的有效容积为55立方米。会计人员在做报价核算时，最好按照集装箱可容纳的最大包装数量来计算报价数量，以节省海运费。具体可根据产品的体积、重量、包装单位、销售单位、规格描述来计算。

实例2

商品A的包装单位是CARTON（箱），销售单位是PC（只），每箱装80只，每箱体积为0.15立方米，试分别计算该商品用20英尺、40英尺集装箱运输出口时的最大包装数量和报价数量。

解答，用20英尺集装箱：

包装数量=25÷0.15=166.67（箱），取整166箱

报价数量=166×80=13 280（只）

用40英尺集装箱：

包装数量=55÷0.15=366.67（箱），取整366箱

报价数量=366×80=29 280（只）

实例3

商品B的包装单位是CARTON（箱），销售单位是CARTON（箱），每箱体积为0.015立方米，试分别计算该商品用20英尺、40英尺集装箱运输出口时的最大包装数量和报价数量。

解答，用20英尺集装箱：

包装数量=25÷0.015=1 666.67（箱），取整1 666箱

报价数量=1 666（箱）

用40英尺集装箱：

包装数量=55÷0.015=3 666.67（箱），取整3 666箱

报价数量=3 666（箱）

注意：由于该商品的包装单位和销售单位相同，故此例的报价数量=包装数量。

（二）采购成本核算

通过邮件和供货商联络，询问采购价格，用以核算成本，这项工作通常由外贸业务员来做。

实例4

商品A，供应商报价为每只4元，求采购13 280只的成本。

解答：采购成本=4×13 280=53 120（元）

（三）出口退税收入核算

查询产品的“海关编码”，可知道增值税率和出口退税率。

实例5

查到商品A“填充的毛绒动物玩具”的海关编码是95034100，可查出增值税率为13%、出口退税率为10%（这里为假设税率，和实际可能不符）。已从供货商处得知

供货价为每只4元（含增值税13%），试计算13 280只该商品的出口退税收入。

解答：退税收入＝采购成本÷（1+增值税率）×出口退税率

=4×13 280÷（1+13%）×10%

=4 700.88（元）

（四）国内费用核算

国内费用包括：内陆运费、报检费、报关费、核销费、公司综合业务费、快递费。

已知内陆运费为每立方米100元，报检费120元，报关费150元，核销费100元，公司综合业务费3 000元，DHL费100元。

其中：内陆运费＝出口货物的总体积×100

总体积＝报价数量÷每箱包装数量×每箱体积

例如：商品A的描述为每箱可装80个，每箱体积0.15立方米，求报价数量为13 280只的内陆运费。

解答：总体积=13 280÷80×0.15=24.9（立方米）

内陆运费=24.9×100=2 490（元）

则：国内费用=2 490+120+150+100+3 000+100=5 960（元）

（五）海运费核算

出口交易中，采用CFR、CIF贸易术语成交时，外贸公司应核算海运费。

在出口交易中，集装箱类型的选用、货物的装箱方法对减少运费开支起着很大的作用。货物外包装箱的尺码、重量，货物在集装箱内的配装、摆放以及堆叠都有一定的讲究，这需要在实践中摸索。

在核算海运费时，外贸公司首先要根据报价数量算出产品体积，然后与货运代理核实该批货物目的港的运价。如果报价数量正好够装整箱（20英尺或40英尺），则直接取其运价为海运费；如果不够装整箱，则用产品总体积×拼箱的价格来算出海运费。由于运价都以美元显示，在核算完海运费后，应根据当天汇率换算成人民币。

商品A要出口到加拿大，目的港是蒙特利尔港口，试分别计算报价数量为5 000件和13 280件的海运费。

计算方法：

第1步：计算产品体积

已知商品A的体积是每箱0.15立方米，每箱装80件。先计算产品体积。

报价数量为5 000件，总体积=5 000÷80×0.15=9.375（立方米）

报价数量为13 280件，总体积=13 280÷80×0.15=24.9（立方米）

第2步：查询海运费报价

货代报运至加拿大蒙特利尔港的海运费分别是：每20英尺集装箱1 450美元，每40英尺集装箱2 530美元，拼箱每立方米75美元。

从第1步计算出的体积结果来看，5 000件的海运费宜采用拼箱，13 280件的海运费宜采用20英尺集装箱。

报价数量为5 000件，海运费=9.375×75=703.125（美元）

报价数量为13 280件，海运费=1 450（美元）

第3步：换算成人民币

查询银行当日汇率，美元的汇率为：6.42元人民币兑换1美元。

报价数量为5 000件，海运费（人民币）=703.125×6.42=4 514.06（元）

报价数量为13 280件，海运费（人民币）=1 450×6.42=9 309（元）

（六）保险费核算

出口交易中，在以CIF术语成交的情况下，外贸公司需要向保险公司查询保险费率，用以核算保险费。公式如下：

保险费=保险金额×保险费率

保险金额=CIF货价×（1+保险加成率）

在进出口贸易中，根据有关的国际惯例，保险加成率通常为10%。外贸企业也可根据进口商的要求与保险公司约定不同的保险加成率。

商品A的CIF价格为15 429.12美元，进口商要求按成交价格的110%投保一切险（保险费率0.8%）和战争险（保险费率0.08%），试计算外贸企业应付给保险公司的保险费用。

解答：保险金额=15 429.12×110%=16 972.032（美元）

保险费=16 972.032×（0.8%+0.08%）=149.35（美元）

人民币对美元汇率为6.42∶1，换算成人民币，保险费=149.35×6.42=958.83（元）

（七）银行费用核算

银行费用核算的公式为：

银行费用=报价总金额 × 银行费率

不同的结汇方式，银行收取的费用也不同。银行费率可向相关办理银行查询。

报价总金额为15 429.12美元时，分别计算L/C、D/P、D/A、T/T的银行费用。

解答：

第1步：查询费率

在主页“费用查询”中查得L/C费率为1%、D/A费率为0.15%、D/P费率为0.17%、T/T费率为0.1%。

第2步：查询汇率

美元当日汇率：6.42元人民币兑换1美元。

第3步：计算银行费用

L/C银行费用=15 429.12×1%×6.42=990.55（元）

D/P银行费用=15 429.12×0.17%×6.42=168.39（元）

D/A银行费用=15 429.12×0.15%×6.42=148.58（元）

T/T银行费用=15 429.12×0.1%×6.42=99.05（元）

（八）利润计算

利润的计算公式为：

利润=报价金额－采购成本－各项费用+退税收入

商品A，假设增值税率13%，退税率10%，体积每箱0.15立方米，报价数量为13 280只；FOB报价金额为每只0.92美元，采购成本为每只4元，报检费120元，报关费150元，内陆运费2 490元，核销费100元，银行费用855.49元，公司综合业务费2 500元，外币汇率为6.42元人民币兑1美元，试计算该笔FOB报价的利润额。

解：报价金额=0.92×13 280×6.42=78 437（元）

采购成本=4×13 280=53 120（元）

各项费用=120+150+2 490+100+855.49+2 500=6 215.49（元）

退税收入=4×13 280÷（1+13%）×10%=4 700.88（元）

利润=78 437−53 120−6 215.49+4 700.88=23 802.39（元）

（九）FOB、CFR、CIF的外币报价核算举例

（1）报价资料

商品名称：毛绒玩具。

商品资料：每箱装80只，每箱体积0.15立方米。

供货价格：每只4元。

税率：供货单价中均包括13%的增值税，假设出口毛绒玩具的退税率为10%。

国内费用：内陆运费（每立方米）100元，报检费120元，报关费150元，核销费100元，公司综合费用2 500元。

银行费用：报价的1%（L/C银行手续费1%）。

海运费：从上海至加拿大蒙特利尔港口，一个20英尺集装箱的费用为1 450美元。

货运保险：在CIF成交金额的基础上加10%投保中国人民保险公司海运货物保险

条款中的一切险（费率0.8%）和战争险（费率0.08%）。

报价利润：报价的10%。

报价汇率：6.42元人民币兑换1美元。

（2）报价核算操作

① 计算成本

含税成本=4（元/只）

退税收入=4÷（1+13%）×10%=0.354（元/只）

实际成本=4−0.354=3.646（元/只）

20英尺集装箱包装件数=25÷0.15=166（箱）

报价数量=166×80=13 280（只）

② 计算费用

国内费用=（13 280÷80×0.15×100+120+150+100+2 500）÷13 280

=0.403 6（元/只）

银行费用=报价 ×1%

海运费=1 450×6.42÷13 280=0.701（元/只）

保险费=CIF报价 ×110%×0.88%

③ 计算利润

利润=报价 ×10%

④ 计算报价

FOB报价=实际成本+国内费用+银行手续费+利润

FOB 报价=3.646+0.403 6+FOB报价 ×1%+FOB报价 ×10%

等式两边移项得：

FOB报价−（FOB报价 ×1%+FOB报价 ×10%）=3.646+0.403 6

FOB报价=（3.646+0.403 6）÷（1−1% −10%）

FOB报价=4.049 6÷0.89÷6.42

= 0.708 7（美元/只）

CFR报价=实际成本+国内费用+海运费+银行手续费+利润

=3.646+0.403 6+0.701+CFR报价 ×1%+CFR报价 ×10%

等式两边移项得：

CFR报价−（CFR报价 ×1%+CFR报价 ×10%）=（3.646+0.403 6+0.701）

CFR报价=4.750 6÷（1−1%−10%）

CFR报价=4.750 6÷0.89÷6.42

=0.831 4（美元/只）

CIF 报价 =（实际成本 + 国内费用 + 海运费 + 保险费 + 银行手续费 + 利润）÷ 6.42

=（3.646+0.403 6+0.701+CIF 报价 × 110% × 0.88%+CIF 报价 × 1%+

CIF 报价 × 10%）÷ 6.42

=［（3.646+0.403 6+0.701）÷（1−110% × 0.88%−1%−10%）］÷ 6.42

=4.750 6 ÷ 0.880 32 ÷ 6.42

=0.840 6（美元 / 只）

⑤ 确定报价

出口 13 280 只毛绒玩具的报价如下，通常在计算时要保留 4 位小数，但是在最后报价时取小数点后两位就可以了：

USD 0.71 PER PCS FOB SHANGHAI（每只 0.71 美元上海港船上交货）

USD 0.83 PER PCS CFR MONTREAL（每只 0.83 美元成本加运费至蒙特利尔）

USD 0.84 PER PCS CIF MONTREAL（每只 0.84 美元成本加运保费至蒙特利尔）

02

第二章

外汇业务核算

【本章要点】

- 外汇概述
- 外币业务的核算
- 汇兑差额的核算

第一节 外汇概述

随着国际交往的不断扩大，世界贸易的日益频繁，人们在生活和工作中遇到最多的一个名词就是外汇。一般人认为，外汇就是外国货币。事实上，外汇与外国货币是有区别的。

一、外汇

（一）外汇的概念

外汇是“国际汇兑”的简称，是以外币表示的金融资产，可用作国际债权债务结算的各种支付手段。根据国际货币基金组织的解释，外汇是货币行政当局（中央银行、货币管理机构、外汇平准基金组织及财政部）以银行存款、财政部国库券、长短期政府债券等形式所保有的在国际收支逆差时可以使用的债权，包括外国货币、外币存款、外币有价证券（政府公债、国库券、公司债券、股票等）、外币支付凭证（票据、银行存款凭证、邮政储蓄凭证等）。

（二）外汇的特征

一般说来，只要具备三个条件就构成外汇，如图2-1所示。

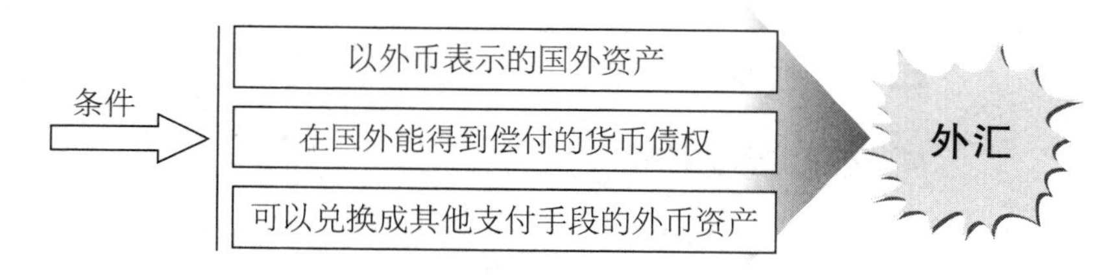

图2-1 构成外汇的三个条件

（三）外汇的表示方法

常用货币的货币符号及简写符号，见表2-1。

（四）外汇的种类

外汇的种类，见表2-2。

表 2-1　常用货币的货币符号及简写符号

序号	货币名称	符号	简写	货币单位
1	人民币	¥	CNY	1元=10角　1角=10分
2	英镑	£	GBP	1镑=100便士
3	美元	$	USD	1元=100分
4	瑞士法郎	CHF	CHF	1法郎=100分
5	新加坡元	S $	SGD	1元=100分
6	瑞典克朗	kr	SEK	1克朗=100欧尔
7	日元（※）	￥	JPY	1日元※
8	加元	C $	CAD	1元=100分
9	澳元	A $	AUD	1元=100分
10	欧元	€	EUR	1欧元=100（欧）分
11	尼泊尔卢比	RS	NPR	1卢比=100派沙

注：※为最小币值单位。

表 2-2　外汇的种类

分类标准	类别
外汇能否自由兑换	自由外汇（convertible FX） 记账外汇（accounting FX）
外汇的来源和用途	贸易外汇（trade FX） 非贸易外汇（non-trade FX）
外汇买卖的交割期限	即期外汇（spot FX） 远期外汇（forward FX）
外汇的升值与贬值趋势	硬货币（strong FX） 软货币（weak FX）

二、汇率

汇率，也称“外汇行市或汇价”，是一国货币兑换成另一国货币的比率，也就是以一种货币表示的另一种货币的价格。由于世界各国货币的名称不同、币值不一，所以，一国货币兑换其他国家的货币时要规定一个兑换率，即汇率。

（一）汇率的标价方法

确定两种不同货币之间的比价，先要确定以哪个国家的货币作为标准。由于确定的标准不同，于是产生了不同的外汇汇率标价方法。国际上通常采用的标价方法主要有直接标价法和间接标价法。

1. 直接标价法

直接标价法，是以一定单位（1、100、1 000、10 000）的外国货币为标准，折算成若干单位的本国货币的标价方法，如图2-2所示。

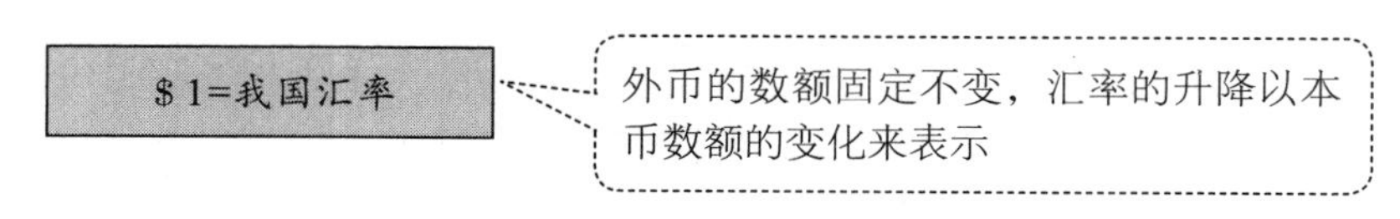

图2-2　直接标价法示例

2. 间接标价法

间接标价法，是以一定单位（如1个单位）的本国货币为标准，折算成若干单位的外国货币的标价方法，如图2-3所示。

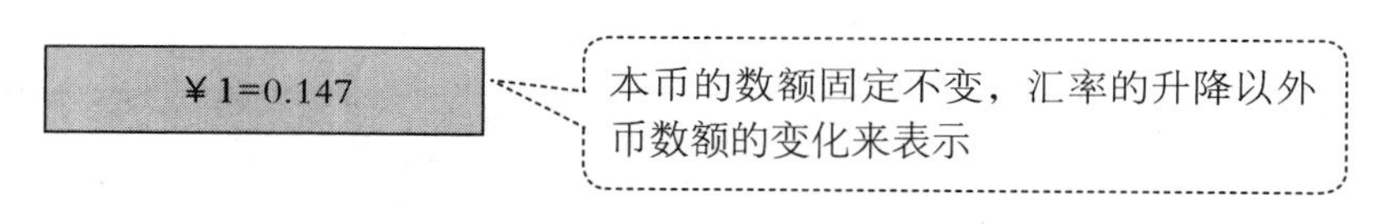

图2-3　间接标价法示例

（二）汇率的分类

按不同的标准，汇率可分成不同的类别，见表2-3。

表2-3　汇率的分类

分类标准	类 别
时间不同	现行汇率、历史汇率
记账所依据的汇率不同	记账汇率、账面汇率
外汇买卖的交割时间不同	即期汇率、远期汇率
银行买卖外汇的角度不同	买入汇率、卖出汇率、中间汇率
银行汇款方式的不同	电汇汇率、信汇汇率、票汇汇率
国际汇率制度的不同	固定汇率、浮动汇率

第二节　外币业务的核算

一、记账本位币与外币业务

（一）记账本位币的确定

记账本位币（recording currency）是企业经营所处主要经济环境中的货币，是一个企业选定的用于反映企业经营业绩和财务状况的货币。

外币（foreign currency）一般是指记账本位币以外的货币。

（二）记账本位币的变更

企业管理组织根据实际情况确定的记账本位币只有一种货币。

企业选择的记账本位币一经确定，不得改变，除非与确定记账本位币相关的企业经营所处的主要经济环境发生重大变化。

（三）外币交易与折算

外币交易，是指以外币计价或者结算的交易，如图2-4所示。

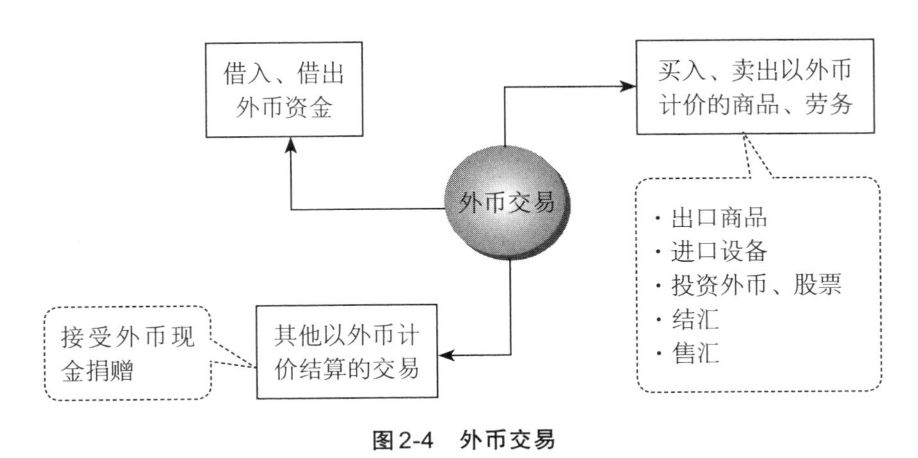

图2-4　外币交易

外币财务报表，是指以外币反映的财务报表。

外币折算，是指将外币交易或外币财务报表折算为记账本位币的等值。

二、外汇业务的核算程序

（1）发生外汇业务时，对外币账户应采用复币记账，既要将外汇金额登记入账，同时也要将外汇金额折算成记账本位币金额入账。入账汇率可以采用即期汇率，也可以采用即期汇率的近似汇率。

（2）会计期末（月末、季末或年末）应对各外币账户的期末余额，按照期末的市场汇率折算为记账本位币，并将折算后的记账本位币金额与账面上的记账本位币金额之间的差额确认为汇兑损益。

三、外币业务的核算方法

（一）外币业务的记账方法

1. 外币统账法

外币统账法是指以某种货币（比如人民币）作为记账本位币统一设账和记账，企业发生外币业务时必须及时折算为记账本位币记账的一种记账方法。

2. 外币分账法

外币分账法是以人民币和外币作为记账本位币分别记账和设账，外币业务日常核算时按外币原币记账的一种记账方法。

（二）一项业务观与两项业务观

1. 一项业务观

一项业务观主张将外币计价的商品或劳务的购销业务，与其以后发生的外币债权债务结算业务视为同一笔业务，即将购货付款或销货收款视为一体，汇兑差额不予单独确认。

某企业以人民币为记账本位币。该企业销售一批价款为5 000美元的货物。当日即期汇率为6.25元，企业在确认销售时，应做如下分录：

借：应收账款——应收外汇账款（US ＄5 000×6.25）　　31 250

　贷：主营业务收入——自营出口销售收入　　31 250

数月后收到该项货款时，汇率上升为6.50元。

借：银行存款——美元户（US ＄5 000×6.50）　　32 500
　贷：应收账款——应收外汇账款（US ＄5 000×6.25）　　31 250
　　主营业务收入——自营出口销售收入　　1 250

2. 两项业务观

两项业务观主张将以外币计价的商品或劳务的购销业务，与其以后发生的债权债务的结算业务视为两笔相对独立的经济业务。即将购货与付款、销货与收款作为两笔会计业务处理，汇兑差额予以单独确认。

实例2

沿用上例，在两项业务观处理下，销售业务在取得货款时，按逐笔结转法可做如下会计分录：

借：银行存款——美元户（US ＄5 000×6.50）　　32 500
　贷：应收账款——应收外汇账款（US ＄5 000×6.25）　　31 250
　　财务费用——汇兑损益　　1 250

（三）外币业务核算账户的设置

外币业务核算账户的设置，见表2-4。

表2-4　外币业务核算账户

类别	账户名称
外币账户	外币现金、外币银行存款账户 外币债权账户 外币债务账户
非外币账户	库存商品 固定资产 主营业务收入等账户
反映汇兑损益的账户	“财务费用——汇兑损益”账户

（四）折算汇率的选择

折算汇率（translation rate）的选择要点，如图2-5所示。

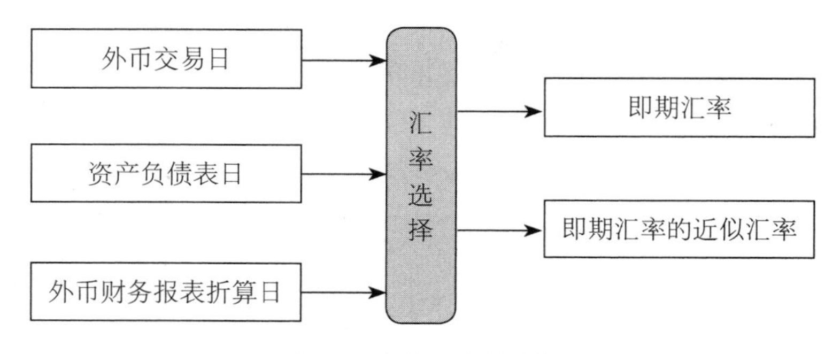

图2-5　折算汇率的选择

四、外币交易日的账务处理

（一）外币购销业务的账务处理

1. 进口商品业务

企业从国外或境外购进原材料、商品或引进设备时，应当按照当日的即期汇率（或即期汇率的近似汇率）将实际支付的外币或应支付的外币折算为记账本位币记账，同时还应按照外币的金额登记有关外币账户。

2. 出口商品业务

企业对外销售产品或商品时，应当按照当日的即期汇率（或即期汇率的近似汇率）将实际收到的外币或应收的外币折算为记账本位币入账，同时还应按照外币的金额登记有关外币账户，如外币银行存款账户和外币应收账款账户等。

实例3

某外贸公司12月8日从国外进口原材料一批，价款共计200 000美元，款项尚未支付，当日即期汇率为1美元=6.25元人民币（为简化会计核算，原材料有关的增值税、进口关税略）。

借：原材料　　1 250 000

　贷：应付账款——应付外汇账款（US ＄200 000×6.25）　　1 250 000

在此例中“原材料”为非外币账户，可仅按记账本位币记账。“应付账款——应付外汇账款”为外币账户，则要登记外币金额，折算记账本位币金额（复币记账）。

某外贸公司的记账本位币为人民币。12月26日，出口销售商品4 000件，每件售价100美元，当日即期汇率1美元=6.35元人民币。假设不考虑增值税等相关税费。

借：应收账款——应收外汇账款（US ＄400000×6.35）　　2 540 000

　贷：主营业务收入——自营出口销售收入　　2 540 000

“应收账款——应收外汇账款”为外币账户，应登记外币金额，折算记账本位币金额（复币记账）。

“主营业务收入——自营出口销售收入”为非外币账户，可仅按记账本位币记账。

（二）外币借贷业务的账务处理

外贸企业可以向办理外汇借款的金融机构申请借款，外汇借款的种类目前有外汇现汇贷款、外汇转贷款、外汇质押贷款、外汇打包贷款和备用信用证担保贷款等，贷款的币种主要有美元、欧元、日元和英镑等。

外汇现汇贷款在整个外汇贷款中占有很大的比重，它是外贸企业在经营进出口业务中普遍选择的融资方式之一。

外汇现汇贷款的种类既包括短期贷款，也包括中长期贷款。

短期外汇贷款是指企业借入的期限在一年（含一年）以下的外汇借款。

中长期外汇贷款是指企业借入的期限在一年以上的外汇借款。

某外贸公司的记账本位币为人民币。12月1日，从中国银行借入短期外币借款50 000美元，款项存入银行，当日即期汇率1美元=6.3元人民币。

借：银行存款——美元户（US ＄50 000×6.3）　　315 000

　贷：短期外汇借款——美元户（US ＄50 000×6.3）　　315 000

（三）接受外币资本投资的账务处理

外汇投资包括外商在中国境内投资和中国企业在境外投资。外商在中国境内投资的形式主要是兴办中外合资经营企业、中外合作经营企业、外资企业和举办中外合资、合作项目。

按规定，企业收到以外币投入的资本，无论是否有合同约定汇率，均不得采用合同约定汇率和即期汇率的近似汇率折算，而是采用交易日即期汇率折算。

外币投入资本与相应的货币性项目的记账本位币金额相等，不产生外币资本折算差额。

实例6

某公司以人民币为记账本位币，2月1日，与某外商签订投资合同，当日收到外商投入资本70 000美元，当日即期汇率为1美元=6.5元人民币，合同约定的汇率为1美元=6.2元人民币。

借：银行存款——美元户（US ＄70 000×6.5） 455 000

贷：实收资本——外方 ×× 公司 455 000

第三节 汇兑差额的核算

一、汇兑差额的含义

汇兑差额，又称“汇兑损益”，是指企业发生的外汇业务在折算为记账本位币时，由于汇率的变动而产生的记账本位币折算差额，以及不同外币兑换发生的收付差额给企业带来的收益或损失。

汇兑差额的产生途径，如图2-6所示。

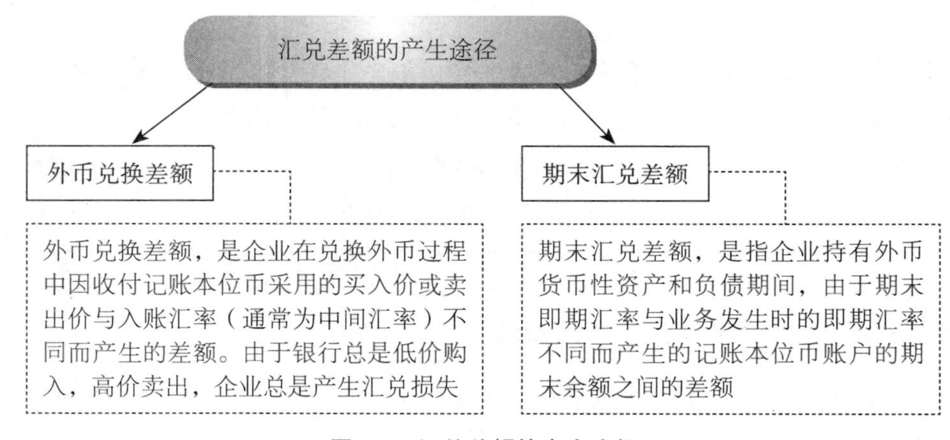

图2-6 汇兑差额的产生途径

二、汇兑差额的结转

（一）逐笔结转法

逐笔结转法是指企业外币业务每结算一次或收付一次，就计算并结转一次汇兑差额的方法，如图2-7所示。

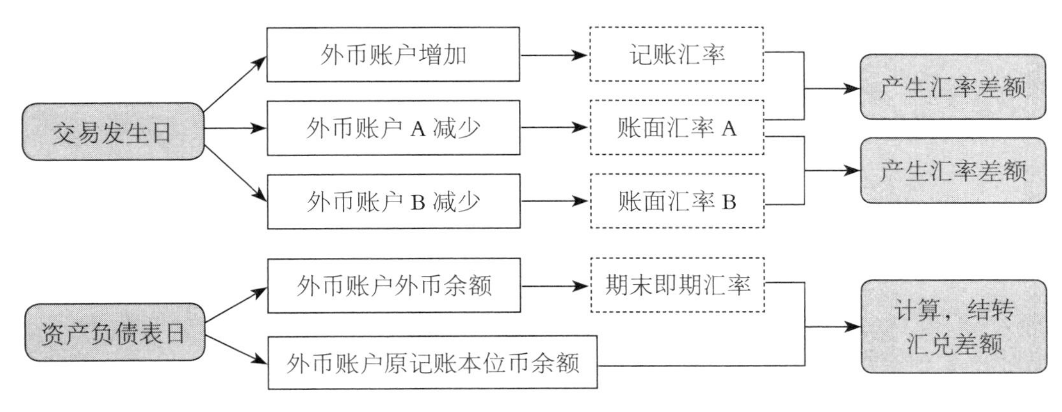

图2-7　逐笔结转法示例

实例7

某企业以人民币为记账本位币。该企业销售一批价款为5 000美元的货物。当日即期汇率为6.50元，企业在确认销售时，应做如下分录：

借：应收账款——应收外汇账款（US ＄5 000×6.50）　　32 500

　贷：主营业务收入——自营出口销售收入　　32 500

数月后收到该项货款时，汇率下降为6.30元。

在两项业务观处理下，销售业务在取得货款时，按逐笔结转法可做如下会计分录：

借：银行存款——美元户（US ＄5 000×6.30）　　31 500

　　财务费用——汇兑损益　　1 000

　贷：应收账款——应收外汇账款（US ＄5 000×6.30）　　32 500

（二）集中结转法

集中结转法是指企业发生外币业务时，按选择的折算汇率将外币金额折算为记账本位币金额，并将汇兑差额集中在期末结转的方法，如图2-8所示。

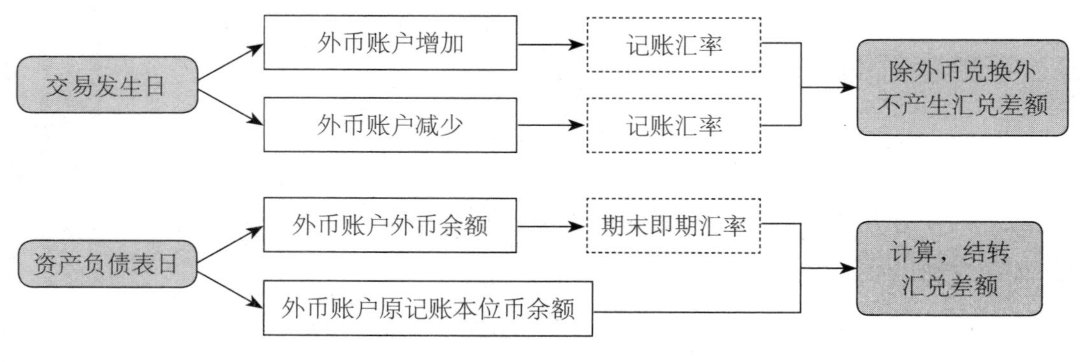

图2-8　集中结转法示例

某企业以人民币为记账本位币。该企业销售一批价款为5 000美元的货物。当日即期汇率为6.50元，企业在确认销售时，应做如下分录：

借：应收账款——应收外汇账款（US ＄5000×6.50）　　32 500

　贷：主营业务收入——自营出口销售收入　　32 500

数月后收到该项货款时，汇率下降为6.30元。

在两项业务观处理下，销售业务在取得货款时，按集中结转法可做如下会计分录：

借：银行存款——美元户（US ＄5 000×6.30）　　31 500

　贷：应收账款——应收外汇账款（US ＄5 000×6.30）　　31 500

月末一次性结转外币账户因汇率变动产生的汇兑差额时，方法同“期末调整交易差”一致。

三、外币货币性项目的处理

外币货币性项目指企业持有的货币和将以固定或可确定金额的货币收取的资产或者偿付的负债，如图2-9所示。

（一）资产负债表日或结算日的结转

资产负债表日或结算日，因汇率波动而产生的汇兑差额作为“财务费用——汇兑损益”处理，同时调增或调减外币货币性项目的记账本位币金额。

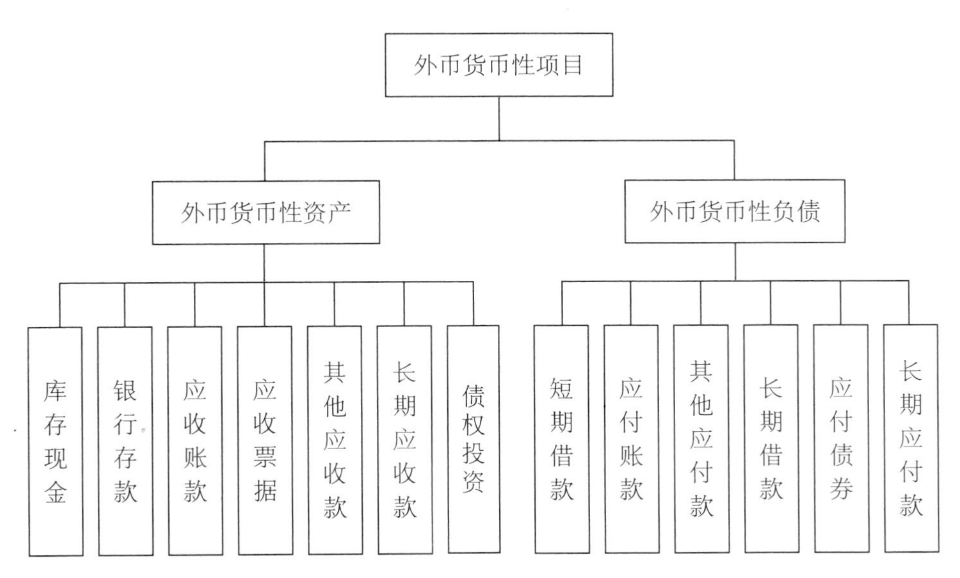

图2-9 外币货币性项目

国内甲公司的记账本位币为人民币。2021年8月4日，向国外乙公司出口商品一批，货款共计60 000美元，货款尚未收到，当日即期汇率为1美元=6.4元人民币。假定2021年8月31日的即期汇率为1美元=6.5元人民币（假定不考虑增值税等相关税费）。

2021年8月4日做如下会计分录入账：

借：应收账款——应收外汇账款（US $60 000×6.4） 384 000

　　贷：主营业务收入——自营出口销售收入 384 000

2021年8月31日（期末调整差）做如下会计分录入账：

借：应收账款——应收外汇账款 6 000

　　贷：财务费用——汇兑损益 6 000

假定2021年9月30日收到上述货款，当日的即期汇率为1美元=6.35元人民币（逐笔结转法），做如下会计分录入账：

借：银行存款——美元户（US $60 000×6.35） 381 000

　　财务费用——汇兑损益 9 000

　　贷：应收账款——应收外汇账款 390 000

390 000=384 000+6 000=60 000×6.5

实例10

国内A公司的记账本位币为人民币。20××年8月24日，从国外B供货商处购入商品一批，商品已经验收入库。根据双方供货合同，货款共计80 000美元，货到后10日内A公司付清所有货款。当日即期汇率为1美元=6.2元人民币。假定20××年12月31日的即期汇率为1美元=6.3元人民币（假定不考虑增值税等相关税费）。

20××年8月24日：（即期汇率为1美元=6.2元人民币）

借：商品采购　496 000

　贷：应付账款——应付外汇账款（US ＄80 000×6.2）　496 000

借：库存商品　496 000

　贷：商品采购　496 000

20××年12月31日：（即期汇率为1美元=6.3元人民币）

（期末调整未实现的汇兑损益）

借：财务费用——汇兑损益　8 000

　贷：应付账款——应付外汇账款　8 000

第二年9月3日，A公司根据供货合同以自有美元存款付清所有货款。假定银行存款美元户的账面汇率为1美元=6.35元人民币，逐笔结转法下的会计分录为：

借：应付账款——应付外汇账款　504 000

　　财务费用——汇兑损益　4 000

　贷：银行存款——美元户（US ＄80 000×6.35）　508 000

实例11

某外贸企业的记账本位币是人民币。20××年8月15日，进口一台机器设备，设备价款600 000美元，尚未支付，当日的即期汇率为1美元=6.2元人民币。

20××年8月31日的即期汇率为1美元=6.3元人民币。假定不考虑其他相关税费。

该项设备属于企业的固定资产，在购入时已按当日即期汇率折算为人民币3 720 000元（600 000×6.2）。由于“固定资产”属于非货币性项目，因此20××年8月31日，不需要按当日即期汇率进行调整。

在以外币购入存货，并且该存货在资产负债表日的可变现净值以外币反映的情况下，计提存货跌价准备时应当考虑汇率变动的影响。

某外贸企业以人民币为记账本位币。20××年11月12日以每台3 000美元的价格从美国某供货商手中购入国际最新型号甲商品10台，并于当日支付了相应货款（假定该企业有美元存款）。11月12日的即期汇率为6.2。

11月12日，购入甲商品，做会计分录如下：

借：库存商品——甲商品　　186 000

　贷：银行存款——美元户（US ＄3 000×10×6.2）　　186 000

12月31日，国内市场无该产品的供应，但甲商品在国际市场的价格为每台2 800美元。库存10台甲商品市场价格下跌，表明其可变现净值低于成本，应计提存货跌价准备。12月31日的即期汇率为6.3。

借：资产减值损失　　9 600

　贷：存货跌价准备　　9 600

注：3 000×10×6.2−2 800×10×6.3=9 600元

（二）对于以公允价值计量的股票、基金等非货币性项目的处理

（1）如果期末的公允价值以外币反映，则应当先将该外币按照公允价值确定当日的即期汇率折算为记账本位币金额，再与原记账本位币金额进行比较。若属于以公允价值计量且其变动计入当期损益的金融资产，其差额作为“公允价值变动损益”，记入当期损益。

（2）如属于以公允价值计量且其变动计入其他综合收入的外币非货币性金融资产，形成的汇兑差额，计入“其他综合收益”。

国内甲公司20××年12月1日以每股3美元的价格买入乙公司H股10 000股，作为短期投资，当日汇率为1美元=6.45元人民币，款项已付。当月31日，该H股股价为每股3.5美元，汇率为1美元=6.4元人民币。

（1）初始确认时：

借：交易性金融资产——成本　　193 500

　贷：银行存款　　193 500

（2）期末计量时，由于该项短期股票投资是从境外市场购入、以外币计价，在资产负债表日，不仅应考虑其港币市价的变动，还应一并考虑汇率变动的影响，上述交易性金融资产以资产负债表日的人民币224 000元（即35 000×6.4）入账，与原账面价值193 500元（即30 000×6.45）的差额为30 500元：

借：交易性金融资产——公允价值变动　　30 500

　贷：公允价值变动损益　　30 500

其中：30 500元人民币包含甲公司所购H股公允价值变动以及人民币与美元之间汇率变动的双重影响。

四、期末汇兑差额的计算

期末对外币账户的期末余额进行调整时，应按期末即期汇率进行调整，其计算过程如下：

（1）结出各外币账户期末外币余额。

（2）计算各外币账户期末外币余额应折合的记账本位币金额。

$$\begin{matrix}\text{某外币账户的期末外币余额}\\\text{应折合的记账本位币金额}\end{matrix}=\begin{matrix}\text{该外币账户的}\\\text{期末外币余额}\end{matrix}\times\begin{matrix}\text{期末即}\\\text{期汇率}\end{matrix}$$

（3）结出各外币账户的账面记账本位币期末余额。

$$\begin{matrix}\text{某外币账户账面记}\\\text{账本位币期末余额}\end{matrix}=\begin{matrix}\text{期初账面记账}\\\text{本位币余额}\end{matrix}+\begin{matrix}\text{本期外币增}\\\text{加发生额}\end{matrix}\times\begin{matrix}\text{交易日即}\\\text{期汇率}\end{matrix}-\begin{matrix}\text{本期外币减}\\\text{少发生额}\end{matrix}\times\begin{matrix}\text{交易日即}\\\text{期汇率}\end{matrix}$$

（4）计算各外币账户当期期末汇兑差额。

五、汇兑差额的会计处理

（1）与购建固定资产有关的外币专门借款产生的汇兑差额计入固定资产的价值。

（2）与购建无形资产有关的外币专门借款产生的汇兑差额计入无形资产的价值。

（3）项目筹建期间发生的汇兑差额，属于开办费的，应计入“长期待摊费用”。

（4）外币兑换产生的汇兑差额，应计入当期“财务费用——汇兑损益”。

03

第三章

外贸结算核算

【本章要点】

- 汇付
- 托收
- 信用证结算方式

第一节　汇付

汇付是利用进出口双方所在地银行的汇兑业务进行结算，也就是由汇款人将款项交给当地银行，再由银行委托收款人所在地的银行将款项转交收款人。

汇付为顺汇，即结算工具的流动方向与资金的流动方向相同。

汇付的当事人有四个：汇款人、收款人、汇出行和汇入行。

一、汇付的方式

根据所采用的通知方式不同，汇付又可分为电汇、信汇、票汇三种，如图3-1所示。

电汇

电汇（telegraphic transfer，T/T），是汇出行用电传、电报或国际清算网络通知汇入行解付一定金额的付款方式。汇款人电汇时必须填写电汇申请书，并交款付费，然后由汇出行用电传、电报或国际清算网络通知汇入行，委托其解付汇款。汇入行收到通知、核对密押无误后，以电汇通知书的形式通知收款人取款。为了使汇入行核对金额并证实电报、电传的真实性，汇出行发给汇入行的电报上必须加注双方约定的“密押”，电汇具有安全、迅速、银行不占用资金的特点，是目前使用最普遍的汇款方式

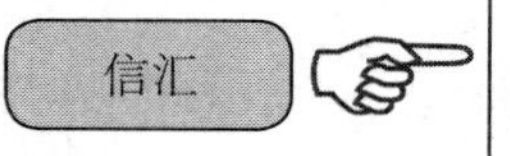

信汇（mail transfer，M/T），是汇出行用信函形式来指示国外汇入行转移资金的付款方式。汇出行接受客户委托后，用付款委托书来通知汇入行。由于信汇方式费力、费时，加之国际电信的飞速发展，目前许多国家已不再使用和接受信汇

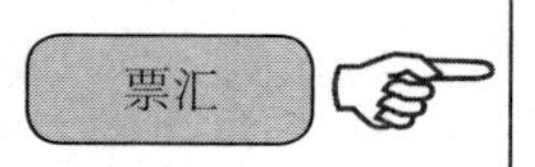

票汇（demand draft，D/D），是应付款人的要求，由汇出行开立银行即期汇票并交汇款人的方式。根据汇票抬头的情况，汇款人可以将汇票带到国外亲自取款，也可以将汇票寄给国外债权人由他们取款。汇票的持票人可以将汇票卖给任何一家汇出行的代理行而取得现款。汇票多用于小额汇款

图3-1　汇付的方式

二、汇付业务的程序

（一）电汇、信汇结算方式的基本程序

对该基本程序现分述如下：

（1）买卖双方签订合同，规定以电汇/信汇结算。

（2）填写电汇/信汇申请书。进口商（汇款人）必须填写申请书，交款付费，委托汇出行汇出款项。

（3）汇出行通知汇入行付款。汇出行接受汇款委托，并以电报、电传、国际清算网络等方式通知汇入行，或邮寄委托书委托汇入行解付汇款。

（4）汇入行通知收款人收取汇款。汇入行收到通知或信汇委托书，经审核无误后，将汇款通知单交付收款人。

（5）出口商（收款人）收取汇款。收到通知后，出口商提交相关资料（如报关单、合同、发票等资料）给汇入行，以收取汇款。

电汇、信汇汇款的程序，如图3-2所示。

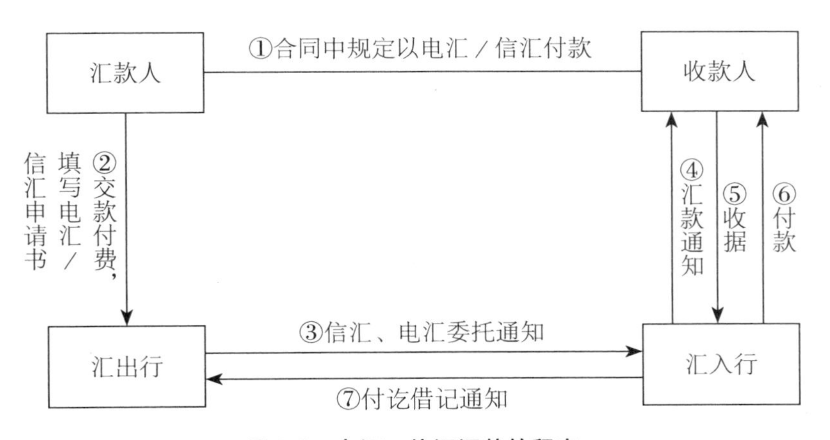

图3-2 电汇、信汇汇款的程序

（二）票汇结算方式的基本程序

（1）买卖双方签订合同，规定采用票汇结算。

（2）填写票汇申请书。进口商（汇款人）付款时，要填写票汇申请书，并交款付费给汇出行。

（3）银行开立即期汇票。汇出行应由汇款人申请，开立以其分行或代理人（解付行）为付款人的银行即期汇票给汇款人，同时将汇票通知书或票根寄给汇入行。

（4）邮寄银行汇票。汇款人将银行汇票邮寄给收款人（出口商）。

（5）凭银行汇票取款。收款人持银行汇票向汇入行收取汇款。

（6）汇入行解付汇款。汇入行将汇票与票根核对无误后，解付汇款给收款人，并将付讫通知汇出行。

票汇汇款的程序，如图3-3所示。

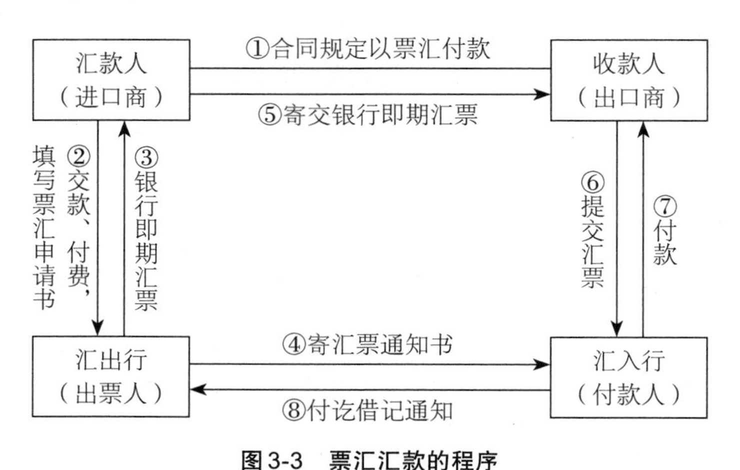

图3-3　票汇汇款的程序

三、汇付方式下的会计核算

（一）进口方的会计处理

如果进口商采取预付货款方式进口商品，在预付货款时，应借记"预付账款——预付外汇账款"账户，贷记"银行存款"账户。在收到商品提单和发票等单证时，应借记"商品采购"账户，贷记"预付账款——预付外汇账款"账户。

实例1

某电器进出口公司从韩国某公司进口电器商品一批。

（1）7月6日，根据合同规定预先汇付韩国某公司货款30 000美元，当日美元汇率中间价为6.38元，做分录如下：

借：预付账款——预付外汇账款（US $30 000 × 6.38）　　191 400

　贷：银行存款——外币存款（US $30 000 × 6.38）　　191 400

（2）7月20日，收到韩国某公司发来的商品发票、提单等单据，共计金额30 000

美元，当日美元汇率中间价为6.41元，做分录如下：

借：商品采购（US $30 000×6.41） 192 300

贷：预付账款——预付外汇账款（US $30 000×6.38） 191 400

财务费用——汇兑损益 900

如果进口商采取货到付款方式进口商品，在收到出口商寄来的商品提单和发票等单据时，应借记“商品采购”账户，贷记“应付账款——应付外汇账款”账户。在汇付商品货款时，应借记“应付账款——应付外汇账款”账户，贷记“银行存款”账户。

实例2

精工服装进出口公司从韩国某服装公司进口服装一批。

（1）7月15日，根据合同，收到韩国某服装公司寄来的商品提单和发票等单据，共计金额28 000美元，当日美元汇率中间价为6.38元，做分录如下：

借：商品采购 178 640

贷：应付账款——应付外汇账款（US $28 000×6.38） 178 640

（2）7月18日，汇付韩国某服装公司货款28 000美元，当日美元汇率中间价为6.38元，做分录如下：

借：应付账款——应付外汇账款（US $28 000×6.38） 178 640

贷：银行存款——外币存款（US $28 000×6.38） 178 640

（二）出口商的核算

出口商出口商品如果要求进口商预付货款，在收到货款时，应借记“银行存款”账户，贷记“预收账款——预收外汇账款”账户。在销售发运商品时，再借记“预收账款——预收外汇账款”账户，贷记“主营业务收入”账户。

实例3

长江电器进出口公司向美国纽约公司出口电器一批。

（1）7月16日，根据合同规定预收美国纽约公司的订购电器款33 000美元，存入银行，当日美元汇率中间价为6.38元，做分录如下：

借：银行存款——外币存款（US $33 000×6.38）　　210 540

贷：预收账款——预收外汇账款（US $33 000×6.38）　　210 540

（2）7月22日，销售发运给美国纽约公司电器一批，金额33 000美元，当日美元汇率中间价为6.38元，做分录如下：

借：预收账款——预收外汇账款（US $33 000×6.38）　　210 540

贷：主营业务收入——自营出口销售收入　　210 540

当进口商要求采取货到付款方式时，出口商必须先发运商品，寄出商品提单和发票。届时借记“应收账款——应收外汇账款”账户，贷记“主营业务收入——自营出口销售收入”账户。当收到货款时，再借记“银行存款”账户，贷记“应收账款——应收外汇账款”账户。

第二节　托收

《托收统一规则》国际商会第522号出版物指出，托收是指银行依据所收到的指示，处理金融单据及/或商业单据，以便① 取得付款及/或承兑；② 付款交单或承兑交单；③ 按照其他条款和条件交付单据。根据这个定义可知，托收是指银行根据债权人（出口商）的指示向债务人（进口商）收取款项及/或承兑，或者在取得付款及/或承兑（或其他条件）时交付单据的结算方式。

一、托收当事人

托收结算方式中通常涉及四个当事人，即委托人、托收行、代收行和付款人。这些当事人之间均为委托与代理关系，因此，托收结算是以商业信用为基础的国际贸易结算方式。

（一）委托人

委托人即债权人，是国际贸易合同中的出口商。他们为收取款项而开具汇票（或不开汇票）或商业单据，并委托托收行向债务人进行收款。委托人一方面承担贸易合同项下的责任（如：按质、按量、按时、按地交付货物，提供符合合同的单据等），另一方面承担委托代理合同项下的责任（如：填写申请书，明确及时地给托收行以指示，并承担有关费用）。

（二）托收行

托收行执行委托人的指示，在托收业务中完全处于代理人的地位，将单据寄给代收行时必须附上列明指示的托收委托书。对于托收行来说，最主要的责任就是保证其打印的“托收委托书”的内容与委托人申请书的内容严格一致。托收行对单据是否与合同相符不负责任。

（三）代收行

代收行和托收行一样，也是代理人，其基本责任和托收行相同。代收行还需要保管好单据，及时、快捷地通过托收行通知委托人托收的情况，如拒付、拒绝承兑等。

（四）付款人

付款人是债务人，是国际贸易合同中的进口商，其基本责任是在委托人已经履行了合同义务的前提下，按合同规定支付货款。

在托收业务中，如果付款人拒付或拒绝承兑，代收行应及时将拒付情况通过托收行转告委托人。如果委托人请代收行保管货物，代收行可以照办，但风险和费用都由委托人承担，委托人也可以指定付款地的代理人为其办理货物存仓、转售、运回等事宜，这个代理人叫“需要时的代理”。按照惯例，如果委托人在托收指示书中规定了“需要时的代理”，则必须在委托书上写明该代理人的权限。

二、托收的分类

根据有无附带商业单据，托收可分为光票托收和跟单托收两种。

（一）光票托收

光票托收是指不附有商业单据（如发票、保险单、海运提单等）的金融单据(如汇票、本票、支票等)的托收。比如，委托人仅凭汇票委托银行向付款人收款的托收方式。光票托收的风险较大，在国际贸易中，这种结算方式多用于贸易从属费用、样品费、佣金、代垫费用、索赔款项、预付货款、分期付款等小额款项结算以及非贸易结算。

（二）跟单托收

跟单托收包括附有商业单据（主要有发票、提单、保险单等）和金融单据（如汇票）的托收和仅凭商业单据的托收。比如，凭附有发票、海运提单、保险单等商业单据的汇票委托银行代收货款的托收方式。在国际贸易中，货款的收取大多采用跟单托收。

按照向进口商交付单据的条件不同，跟单托收可分为付款交单托收和承兑交单托收两种。

1. 付款交单

付款交单（Documents against Payment，D/P），是指代收行必须在进口商付清货款后才能将单据交于进口商的方式。付款交单按付款时间的不同，又分为即期付款交单和远期付款交单。

即期付款交单（D/P at sight），是指出口商发货后开具即期汇票并随附商业单据，然后通过银行要求进口商见票后立即付款，进口商付清货款后向银行领取商业单据。

远期付款交单（D/P after sight），是指出口商发货后开具远期汇票并随附商业单据，然后通过银行向进口商提示，进口商承兑汇票，并在汇票到期时付清货款后向银行领取商业单据。

2. 承兑交单

承兑交单（Documents against Acceptance，D/A），是指出口商在装运货物后开具远期汇票，连同货运单据，通过银行向进口商提示；进口商承兑汇票后领取商业单据，在汇票到期时，再向代收行付清货款。这种结算方式的特点是，货物所有权转移在先，货款支付在后。如果汇票到期后，进口商不付货款，则代收行不承担责任，而是由出口商承担货物和货款两空的损失。承兑交单对出口商而言是一种风险很大的收款方式，因此，出口商对这种结算方式一般采取谨慎的态度，使用不多。

三、托收结算方式的流程

（一）跟单托收即期付款交单结算流程

跟单托收即期付款交单结算流程，如图3-4所示。

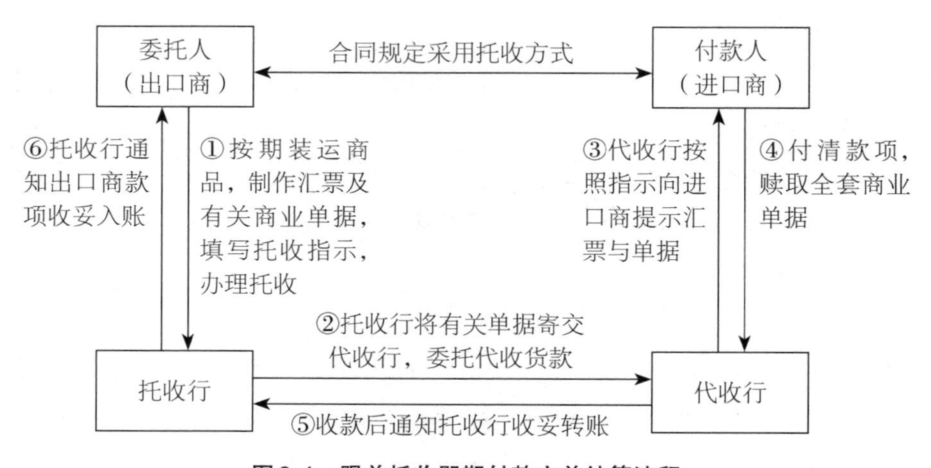

图3-4 跟单托收即期付款交单结算流程

跟单托收即期付款交单结算流程说明：

（1）出口商按合同规定装货后，填写托收指示，开立即期汇票，连同商业单据（或不开立汇票，仅将货运单据）交托收行委托代收货款。

（2）托收行将托收指示，连同汇票（或没有汇票）及/或商业单据寄交进口地代收银行委托代收。

（3）代收行按照托收指示向进口商提示汇票与单据（或仅提示单据）。

（4）进口商审单无误后付款，代收行交单。

（5）代收行办理转账，并通知托收行款已收妥。

（6）托收行向出口商交款。

(二) 跟单托收远期付款交单结算流程

跟单托收远期付款交单结算流程，如图3-5所示。

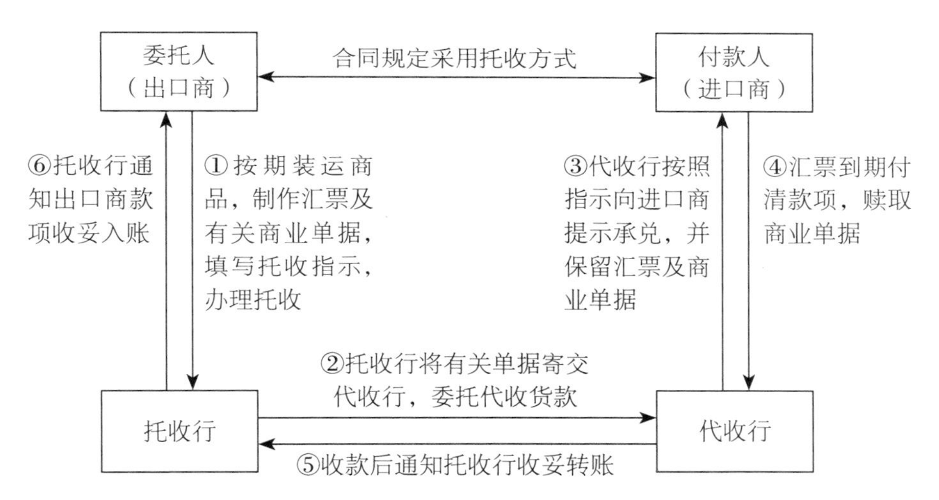

图3-5　跟单托收远期付款交单结算流程

跟单托收远期付款交单结算流程说明：

（1）出口商按合同规定装货后，填写托收指示，连同货运单据交托收行，委托代收货款。

（2）托收行将托收指示，连同汇票及/或商业单据寄交代收行委托代收。

（3）代收行按照托收指示向进口商提示汇票与单据，进口商审核无误在汇票上承兑后，由代收行收回汇票与单据。

（4）进口商到期付款，代收行交单。

（5）代收行办理转账，并通知托收行款已收到。

（6）托收行向出口商交款。

（三）跟单托收承兑交单结算流程

跟单托收承兑交单结算流程，如图3-6所示。

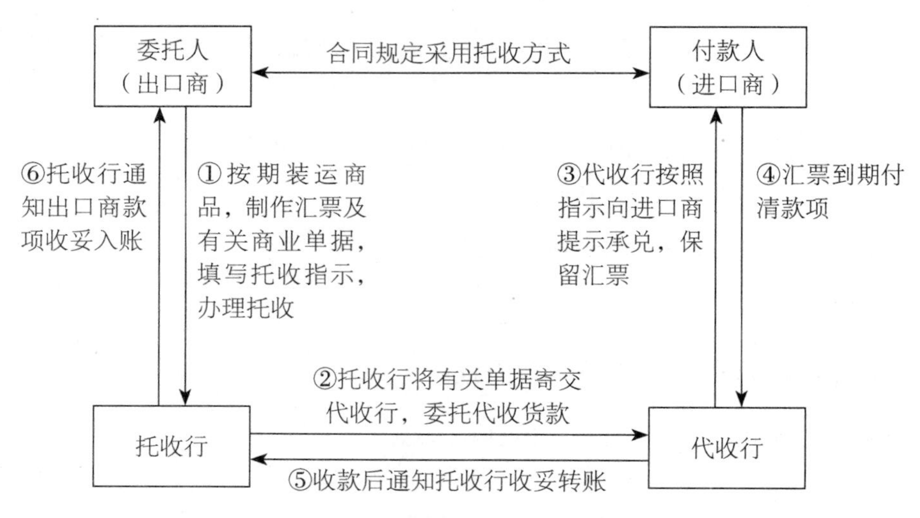

图3-6 跟单托收承兑交单结算流程

跟单托收承兑交单结算流程说明：

（1）出口商按合同规定装货后填写托收指示，开立汇票，连同货运单据交托收行，委托代收货款。

（2）托收行将托收指示，连同汇票及/或商业单据寄交代收行，委托代收货款。

（3）代收行按照托收指示，向进口商提示汇票和单据，进口商在汇票上承兑，代收行在收回汇票的同时，将单据交给进口商。

（4）进口商到期付清款项。

（5）代收行办理转账，并通知托收行款已收到。

（6）托收行向出口商交款。

四、出口托收申请书

出口托收申请书的内容：

（1）代收行。出口商在该栏内填写国外代收银行（一般为进口商的开户银行）的名称和地址，这样有利于国外银行直接向付款方递交单据，可早收到钱。如果没有填写或不知道进口商的开户银行，则申请人银行将为申请人选择进口商所在国家或地区的一家银行进行通知，这样出口商收到款项的时间会较长。因此，出口商最好知道进口商的国外开户银行。

（2）申请人。申请人为出口商，应填写详细的名称、地址、电话、传真号码。

（3）付款人。付款人为进口商，应填写详细的名称、地址、电话、传真号码。如果进口商的资料不详细，容易增加代收行工作的难度，使出口商收到款项的时间较长。

（4）汇票的时间和期限。申请书上汇票的有关内容要与汇票上的一致。

（5）合同号码。申请书上的合同号码要与进出口双方签订的商务合同上的号码保持一致。

（6）单据。提交给银行的正本和副本的单据名称和数量。

（7）托收条款。托收条款一般包括以下几项内容，如果需要就注明一个标记“×”。

A. 收到款项后办理结汇。

B. 收到款项后办理原币付款。

C. 要求代收行付款交单（D/P）。

D. 要求代收行承兑交单（D/A）。

E. 银行费用由付款人承担。

F. 银行费用由申请人承担。

G. 通知申请人承兑汇票的到期日。

H. 如果付款延期，向付款人收取____% P.A. 的延期付款利息。

I. 付款人拒绝付款或拒绝承兑，通知申请人并说明原因。

J. 付款人拒绝付款或拒绝承兑，代收行对货物采取仓储或加保，费用由申请人支付。

K. 其他。

具体的出口托收申请书，如图3-7与图3-8所示。

五、托收方式下的会计核算

（一）出口方的会计处理

（1）D/P或D/A交单日，当出口方向银行开出托收指示并交出全套单证时，编制如下会计分录：

借：应收账款——应收外汇账款

　　贷：主营业务收入——自营出口销售收入

（2）若采用D/P方式，出口方财务在收汇日凭结汇水单、收账通知编制如下会计分录：

借：银行存款——外汇存款

　　贷：应收账款——应收外汇账款

出口托收申请书

APPLICATION FOR OUTWARD COLLECTION

日期 Date: 年 月 日

致：有限公司______行

TO: Ltd H.O./______Branch. 托收号码 Our Ref No：______

兹随附下列单据及汇票(如有)，委托贵行凭以下指示办理托收：
We enclose documents accompanied by the drafts (if any) described below for collection in accordance with the following instruction。

(文件清单:请贵公司依检附单据份数填写，若未填写，则以本行实际收到的份数为凭)

- ☐ D/P 付款交单 Documents against payment
- ☐ D/A 承兑交单 Documents against acceptance

币别及金额 Currency & Amount		期限/到期日 Tenor/Due Date	___ days after ☐sight ☐shipment ☐Due date: ___ (YYMMDD)
代收银行 Collecting bank & postal address	Name: Swift Code: Address:		
付款人 Drawee	Name: Address:		

Document	Draft	Invoice	B/L AWB	Insurance Policy	Packing List	Cert.of Origin	Inspection Cert.	Bene Cert.			
Copies											

1. 付款人欲不承兑/不付款，请出具拒付通知。Notice for non payment/non acceptance.
2. 除另有叙明外，代收(国外)银行有关本托收的各项费用由付款人承担且不得减免。
   Unless otherwise instructed , All banking charges outside Taiwan including Collecting bank's commission are to be borne by the drawee which may not be waived.
3. 就委托贵行代收事项，本公司遵守现行的国际商会托收统一规则。
   This collection is subject to the ICC Uniform Rules for Collections currently in force.
4. 付款方式:扣除费用后，余额存入申请人开立于贵行的存款账号：______。
   disposition of proceeds：Please pay to our Deposit account after deducting fees.
5. 申请人签署本申请书，并确认申请人已收到、了解且同意贵行与本交易相关的所有文件及条款(包括但不限于贵行标准申请书及申请书下的附加条款编号:**FEX-203 2018.08**)。
   By signing this Application, I/We acknowledge that I/We have received, understood and agreed to the terms and conditions, of all documents/materials provided by you that may be applicable to the transactions contemplated herein including but not limited to your standard application forms for the relevant transactions and the appended Terms and Conditions no: **FEX-203 2018.08.**

银行专用

收件行代号:	
主管	经办/核章
总行作业科	
主管	经办

申请人签章 Signature of Applicant

______(预留印鉴)

图3-7 出口托收申请书(1)

出口托收申请书

LETTER OF INSTRUCTION FOR OUTW ARD COLLECTION

Office:
Address:
Date:
Telex:
Fax:

Our reference number
For all communications Please always quote

Dear Sirs,

We enclose the following documents for collection.

Documentary Collection   Clean Collection

To (Collecting Bank)：	Drawer：
Drawee：	Amount：

Docu-ments	Draft (s)	Com-mercial Invoice	Ocean B/L	N/N Ocean B/L	Air-way Bill	Ins. Policy	P/W List	Cert. Of Origin	G.S.P Form A	Benefi-Ciary ' s Cert

Disposal of proceeds upon collection:

Collection Instructions are marked with " X" as below:

Deliver documents against Payment Acceptance
All your banking charges are for account of Drawer Drawee
Waive banking charges and/or interest if refused by Drawee.
Do not waive banking charges and / or interest.
Advise us acceptance of draft (s) and giving due date by teletransmission.
Hold draft(s) and documents pending further instructions from us in case of non-payment / non-acceptance.
In case of dishonor, have the goods stored in bond and insured against usual risks when deemed necessary, and advice us immediately to that effect.
If payment is delayed collect interest at @ ____% p. a. for the period of such delay.
In case of need, refer to .

For ________________
AUTHORIZED SIGNATURE(S)

图3-8 出口托收申请书（2）

（3）若采用D/A方式，出口方在进口方承兑后凭银行通知编制如下会计分录：

借：应收票据——应收外汇票据

贷：应收账款——应收外汇账款

在D/A汇票到期日，出口方财务凭结汇水单、收账通知编制如下会计分录：

借：银行存款——外汇存款

贷：应收票据——应收外汇票据

（二）进口方的会计处理

（1）进口方接到托收单据时编制如下会计分录：

借：在途物资——进口物资

贷：应付账款——应付外汇账款

（2）若采用D/P方式，付款赎单日编制如下会计分录：

借：应付账款——应付外汇账款

贷：银行存款——外汇存款

第三节 信用证结算方式

信用证（Letter of Credit，L/C）业务是在托收基础上发展起来的较完美的结算方式。由银行提供保证以及融通资金，在一定程度上解决了汇付和托收方式下，进出口双方互不信任的矛盾及资金占压问题。信用证也是国际贸易中普遍采用的一种结算方式。

一、信用证概述

（一）信用证的含义、特点

1.信用证的含义

根据国际商会《跟单信用证统一惯例》（UCP 600）的解释，信用证是指一项不可撤销的安排，无论其名称或描述如何，该项安排构成开证行对相符交单予以承付的确定承诺。

简言之，信用证是银行向受益人开立的、有条件的书面付款保证，该条件即为“相符交单”。

2. 信用证的特点

信用证具有图3-9所示的特点。

特征一 信用证是一种银行信用

在信用证支付方式下，开证行处于第一付款人的地位，对受益人承担独立的责任。受益人只要提交符合规定的单据，开证行就要保证付款。这是与建立在商业信用基础上的汇付、托收的本质区别

特征二 信用证是独立于其他合同之外的自主文件

信用证的开立以进出口双方签订的买卖合同或其他合同为基础，但信用证一经开出，即独立于这些合同之外，这就是信用证的自主原则。就性质而言，信用证与可能作为其开立基础的销售合同或其他合同是相互独立的交易

特征三 只凭单据而不管货物

在信用证方式下，实行的是凭单付款的原则。信用证业务是一种单据买卖，银行只看单据，而不管货物，它只要求受益人所提交的单据表面上与信用证条款相符合，而对于所装货物的实际情况如何、是否中途损失、能否如期到达目的港等均不负责

图3-9 信用证的特点

（二）信用证的作用

信用证在国际贸易结算中的作用，主要表现在表3-1所示的几方面。

表3-1 信用证的作用

序号	作用对象	主要作用
1	对出口方的作用	（1）保证出口方凭单取得货款。信用证是银行信用，由银行承担第一付款责任，出口方交货后只要相符交单，银行就有义务保证支付货款。因此，信用证支付为出口方提供了较为安全的收汇保障 （2）提供资金融通。出口方可在交货前，凭进口方开来的信用证作抵押，向出口地银行借取打包贷款，用以收购、加工、生产出口货物和打包装船；或在装运货物后，提交汇票和信用证规定的各种单据，向银行押汇取得货款。这是出口地银行对出口方提供的资金融通，有利于出口方资金周转
2	对进口方的作用	（1）可约束出口方按合同约定履行交货义务。信用证方式下，开证银行和参与信用证业务的其他银行都要对单据进行审核。只有在相符交单的条件下，才议付或付款。进口商申请开证时，可以通过信用证中的单据条款，如规定最迟装运期，要求出口方提交信誉良好的公证机构出具的品质、数量/重量检验证书等，以保证出口商按合同的规定交货

续表

序号	作用对象	主要作用
2	对进口方的作用	（2）提供资金融通。进口商在申请开证时，通常不需要100%交纳货款，只需交一定押金及手续费。如果开证行认为进口方资信较好，或开证金额低于进口方在开证行的受信额度，进口方还有可能少交或免交押金。如果采用远期信用证，进口商还可以凭信托收据向银行借单，先行提货、转售，到期再付款，这些都为进口商提供了资金融通的便利
3	对银行的作用	开证行开立信用证，提供给进口商的是信用而不是资金，所以，不会资金占压。通过要求进口商在申请开证时交付一定的押金或担保品，银行可在一定程度上规避信用证业务下银行承担第一付款人的责任风险，同时也可为银行利用资金提供便利。此外，在信用证业务中，银行还可从其提供的服务中收取各种费用，如开证费、通知费、议付费、保兑费、改证费等。因此，承办信用证业务是各银行的业务之一

（三）信用证涉及的当事人

信用证支付方式所涉及的当事人，主要有图3-10所示的几个。

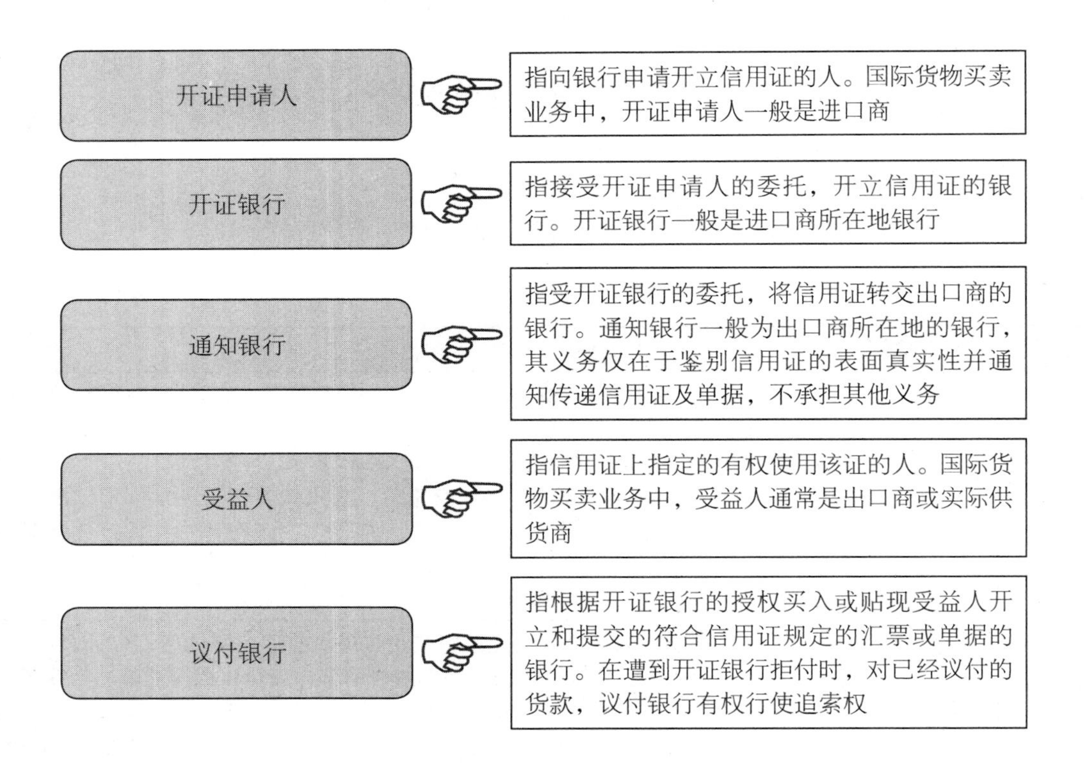

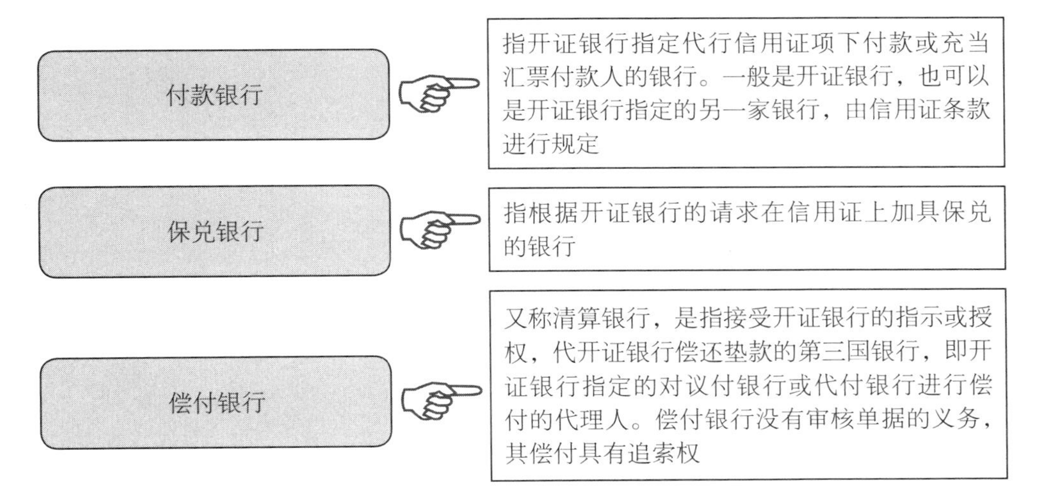

图3-10　信用证支付方式所涉及的当事人

（四）信用证的主要内容及开立的形式

1.信用证的主要内容

尽管各国银行使用的信用证并无统一的格式，其内容也因信用证种类的不同而有所区别，但信用证所包括的基本内容都差不多，主要有表3-2所示的几个方面。

表3-2　信用证的主要内容

序号	项目	内容说明
1	对信用证本身的说明	包括信用证的种类、信用证号码、开证日期、信用证金额、有效期和到期地点、交单期限等
2	信用证当事方	必须记载的当事方有开证申请人、受益人、开证行、通知行。根据信用证种类的不同，可能涉及的当事方还有保兑行、议付行、付款行、偿付行等
3	对汇票的说明	如果使用汇票，要明确汇票的出票人、受票人、受款人、汇票金额、汇票期限等内容
4	对货物的说明	包括货物名称、规格、数量、单价等，且这些内容应与买卖合同的规定一致
5	对运输的说明	信用证中应列明装运港（地）、目的港（地）、装运期限、可否分批、能否转运等
6	单据条款	列明受益人所需提交的货运单据（如商业发票、运输单据、保险单）及其他单据的种类、份数、内容要求等
7	其他事项	包括开证行对议付行的指示条款；信用证交单期；开证行责任文句，通常说明根据《跟单信用证统一惯例》开立以及开证行保证付款的承诺；其他特殊条款，如限制由××银行议付、限制船舶国籍和船舶年龄、限制航线和港口等，这些特殊条款根据进口国政治经济情况的变动会有所不同

2. 信用证开立的形式

信用证开立的形式主要有信开本和电开本两种。

（1）信开本

信开本是指开证行采用印就的信函格式的信用证，开证后以空邮寄送通知行。这种形式现已很少使用。

（2）电开本

电开本是指开证行使用电报、电传、传真、SWIFT等电信方式将信用证条款传达给通知行。电开本又可分为以下几种:

① 简电本，即开证行只是将信用证主要内容，如信用证号码，受益人名称和地址，开证人名称，金额，货物名称、数量、价格、装运期及信用证有效期等，预先告知通知行，详细条款将另寄通知行。

② 全电本，即开证行以电信方式开证，把信用证全部条款传达给通知行。全电本是一个内容完整的信用证，也是交单议付的依据。

③ SWIFT信用证，即通过SWIFT开立或通知的信用证，又称“全银电协信用证”。SWIFT是“全球银行金融电信协会”（Society for Worldwide Interbank Financial Telecommunication）的简称，于1973年在比利时布鲁塞尔成立，设有自动化的国际金融电信网，其成员银行可以通过该电信网办理信用证业务以及外汇买卖、证券交易、托收等。凡是SWIFT组织的成员银行，均可使用SWIFT办理信用证业务。

SWIFT信用证具有标准、固定和统一的格式，并且成本低、传送速度快、安全性高，目前已被全球大多数国家与地区的银行广泛使用。中国银行于1983年加入SWIFT，是SWIFT组织的第1034家成员行，并于1985年5月正式开通使用，这成为我国与国际金额标准接轨的重要里程碑。随后，我国的各专业银行及上海和深圳的证券交易所也先后加入了SWIFT。我国银行的电开信用证及收到的信用证电开本，多数是SWIFT信用证。

（五）信用证的种类

信用证的种类很多，最基本的是可撤销信用证与不可撤销信用证两类，其他的都是在不可撤销的基础上演变而来的。国际贸易中所使用的信用证，大多是跟单信用证，即开证行凭跟单汇票或仅凭商业单据付款的信用证。信用证的种类主要有表3-3所示的几种。

（六）使用信用证应注意的问题

（1）在买卖合同中，应明确所采用的信用证种类。

表 3-3 信用证的种类

序号	分类	说明
1	不可撤销信用证	指信用证一经开出，在有效期内，未经受益人及有关当事人同意，开证行不得修改和撤销
2	跟单信用证和光票信用证	按照信用证项下是否附有商业单据，信用证可以分为跟单信用证和光票信用证 （1）跟单信用证是指开证行凭跟单汇票或仅凭商业单据付款的信用证。国际贸易中经常使用的是跟单信用证 （2）光票信用证是指开证行仅凭受益人开具的汇票或简单收据付款的信用证。光票信用证在国际贸易中不常使用
3	保兑信用证和不保兑信用证	按有没有另一银行加以保证兑付，信用证可分为保兑信用证和不保兑信用证 （1）保兑信用证是指开证行开出的信用证，由另一银行保证对符合信用证条款的单据履行付款义务 （2）不保兑信用证是指开证行开出的信用证没有经另一家银行保兑
4	即期信用证和远期信用证	（1）即期信用证是指信用证规定银行凭受益人开立的即期汇票和全套单据即期付款 （2）远期信用证是指受益人开立远期汇票并提交货运单据后，在一定期限内银行保证付款的信用证
5	付款信用证、承兑信用证与议付信用证	（1）付款信用证是指当受益人向开证行或其指定的付款行提交符合信用证规定的单据时，开证行保证即刻付款的信用证 （2）承兑信用证是指使用远期汇票的跟单信用证 （3）议付信用证是指注明“议付兑现”的信用证，即允许受益人向某一指定银行或任何银行交单议付的信用证
6	可转让信用证和不可转让信用证	（1）可转让信用证是指受益人（第一受益人）可以要求授权付款、承担延期付款责任、承兑或议付的银行（统称“转让银行”），或当信用证是自由议付时，可以要求信用证中特别授权的转让银行，将信用证全部或部分转让给一个或数个受益人（第二受益人）使用的信用证。信用证转让后由第二受益人办理交货 （2）不可转让信用证是指受益人不能将信用证的权利转让给他人的信用证。凡信用证中未注明“可转让”的，则不可转让
7	对开信用证	是指买卖双方进行对等贸易，进出口人相互向对方开证。对开信用证多用于易货贸易或补偿贸易和来料加工业务
8	对背信用证	是指中间商收到进口人开来的信用证后，要求该证的原通知行或其他银行，以原证为基础，另开立一张内容近似的新证给供货人，这另开的新证称为对背信用证
9	预支信用证	是指开证行授权议付行（通常是通知行）向受益人预付信用证金额的全部或一部分，由开证行保证偿还并负责利息。预支信用证可分为全额预支和部分预支
10	循环信用证	是指当受益人全部或部分使用信用证金额后，其使用信用证金额的权利能够重新恢复到原金额，可再度被使用，周而复始，直至该证规定的次数和总金额用完为止
11	备用信用证	这是一种特殊的光票信用证，用途广泛，通常用于保证方面，如借款保证、投标保证、履约保证、赊购保证等

（2）在合同中明确规定开证日期，并同时规定，不按时开证的一切后果由进口商承担。进口商按时开证是出口商履行合同的前提条件。

（3）正确处理信用证与合同的关系。信用证的开出是以合同为基础的，二者不符，受益人有权提出修改。若不提出，会影响受益人安全收汇及按合同履约。

（4）做好单证工作，做到“相符交单”，这是L/C付款的基本原则。

（5）处理好开证日期、装运日期、信用证结汇有效期、交单日期四者的关系。

① 开证日期与装运日期：开证应早于装运日半个月至一个月。

② 装运日期与信用证结汇有效期：信用证结汇有效期一般比装运日晚半个月至一个月，以便出口商发货后有充分的时间缮制信用证规定的各种单据并向银行交单。

③ 交单日期与信用证结汇有效期：根据《跟单信用证统一惯例》的规定，除非信用证另有规定，交单应在提单签发日起21天内完成，但无论如何不能超过信用证有效期。

（6）关于信用证的修改。根据《跟单信用证统一惯例》第10条的规定，除可转让信用证另有规定外，未经开证行、保兑行（如有）及受益人同意，信用证既不得修改，也不得撤销。

（7）开证行、保兑行、指定银行在收到单据后的处理时间。根据《跟单信用证统一惯例》的规定，银行应在交单次日起的至多5个银行工作日内处理单据，否则，即丧失拒付的权利。

二、信用证结算方式的流程

信用证业务涉及的当事方较多，业务流程也相对复杂。但不同种类的信用证，基本流程大致相同。信用证结算方式的流程如图3-11所示，此流程图适用于即期的、不可撤销的、跟单的、议付信用证。

信用证结算方式流程说明：

（1）进口商按照买卖合同，填写开证申请书，向开证行申请开立以卖方为受益人的信用证，并交纳押金及相关费用。

（2）开证银行按照开证申请书的内容开出信用证，并寄交卖方所在地的通知行。

（3）通知行鉴定信用证真伪，向受益人发出通知并转递信用证。

（4）受益人审核信用证条款与买卖合同无误后，按照合同和信用证规定发运货物，同时按照信用证的规定缮制单据及汇票，并在规定的交单期内向议付行提示。

（5）议付行按照信用证条款审核单据无误后，扣除相关利息及手续费，将余款垫付受益人，并将单据寄交开证行索偿。

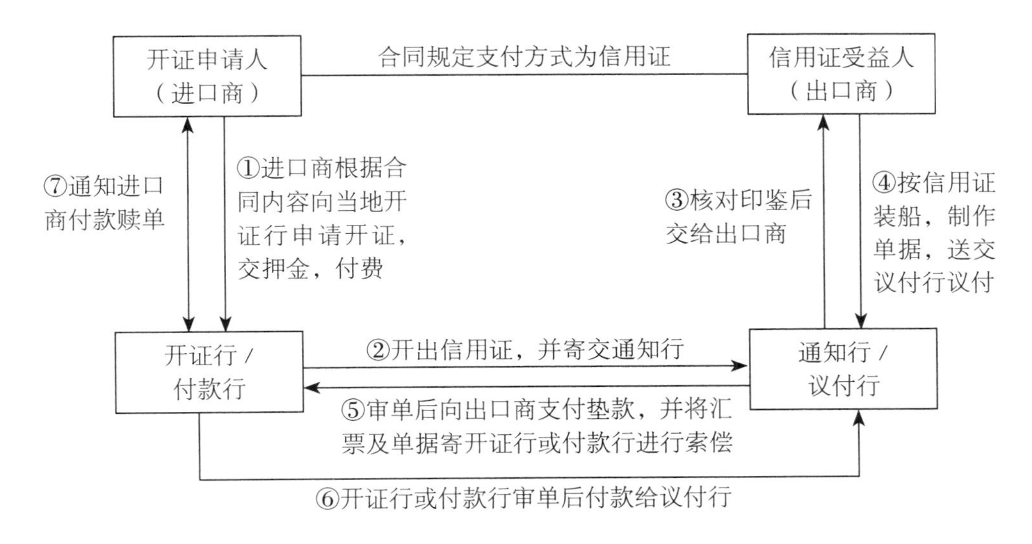

图3-11 信用证结算方式流程

（6）开证行或付款行按照信用证条款审核单据无误后，向议付行付款。

（7）开证行通知进口商（开证申请人）付款赎单，买方审单无误后付款赎单，然后凭相关单据提货。

三、信用证结算方式下的会计核算

（一）进口方的会计处理

进口货物时，通过交易磋商，在签订合同时如果采用信用证方式结算，进口商应首先向银行办理开证申请，填制开证申请书，申明其将向银行提供支付货款的资金，并同意支付银行的手续费和利息。然后根据开证申请书及进口合同的金额，填写支取凭条，要求银行将资金从外汇结算往来户转入信用证存款专户。主要账务处理为：

借：其他货币资金——信用证存款

财务费用

贷：银行存款——×外币户

凡无现汇账户的，现行规定不可提前购汇（此时企业无须对外付汇），要用人民币作信用证保证金，会计分录如下：

借：其他货币资金——信用证保证金

贷：银行存款——人民币户

采用信用证结算方式，按照国际惯例，银行只收取部分开证保证金，故信用证存款户的资金多数情况下不足以付清货款，还需补足差额。付款赎单的账务处理如下：

借：应付账款、商品采购等账户

贷：其他货币资金——信用证存款

银行存款——人民币户（或×外币户）

实例4

某外贸公司进口LED头灯100套，进价为每套100美元，总值10 000美元。

（1）1月1日申请开立信用证，从外汇存款账户按合同价款的40%划出信用证保证金，手续费忽略不计。当日汇率中间价1美元=6.28元人民币，会计分录如下：

借：其他货币资金——信用证保证金　　25 120

贷：银行存款——美元户　　25 120

（2）1月25日收到银行转来的全套单据，公司审单无异议，通知银行冲销原保证金，并办妥购汇手续赎单。当日汇率中间价1美元=6.28元人民币，卖出价1美元=6.29元人民币，会计分录如下：

借：商品采购——进口商品　　62 800

贷：其他货币资金——信用证存款　　25 120

银行存款——人民币户　　37 680

购汇申请书是购汇业务的原始凭证，所购外汇由银行直接对外支付，在企业账上无反映。

（二）出口方的会计处理

在信用证结算方式下，出口方作为受益人会收到由通知行转来的进口方开具的信用证原件及信用证通知书，此时出口方无须做账务处理，只做备忘记录即可。

出口方发货后，汇集全套单据向付款行或议付行交单，以求尽快获取资金。账务处理如下：

借：应收账款——应收外汇账款

贷：主营业务收入

银行审单相符后即支付货款。由于中国的外汇管理中，受益人收到的信用证款项是人民币，因此出口所得外汇必须结售给指定银行，由银行开具“结汇水单”，作为出口方入账原始凭证。账务处理如下：

借：银行存款——人民币户

贷：应收账款——应收外汇账款

04

第四章

进口业务会计核算

【本章要点】

- 进口业务概述
- 自营进口业务会计核算
- 代理进口业务会计核算

第一节 进口业务概述

进口业务的会计核算对象是进口业务各方面的经济活动。进口业务的核算是以进口业务合同为中心进行的。进口方必须按合同的各项条款规定，准确、及时地履行其应尽的义务，接收与进口货物有关的单据并收妥货物，对外支付货款。围绕进口业务合同发生的各项经济业务活动，构成了进口业务的主要环节，对各环节的会计核算，是进口业务核算的主要内容。具体地说，是要核算进口商品从进口采购到验收入库，再到国内销售整个过程的会计事项。

一、进口贸易业务的种类

进口贸易业务按其经营性质的不同，可分为自营进口、代理进口和易货贸易三种，如图4-1所示。

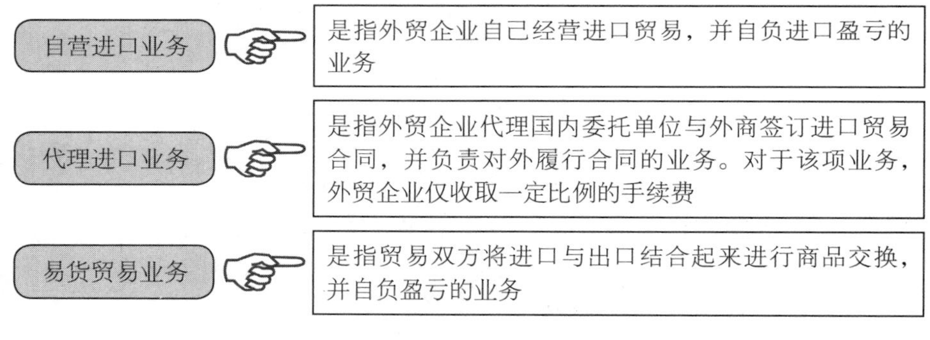

图4-1 进口贸易业务的种类

二、进口贸易业务的程序

进口贸易业务有进口贸易前的准备工作、签订进口贸易合同、履行进口贸易合同等程序。

（一）进口贸易前的准备工作

外贸企业应根据国内市场需求和国际市场上商品的价格、供应商的资信等情况，以及企业的利润预算来确定进口贸易业务。对于国家规定必须申请许可证的进口商品，外贸企业必须按规定申领许可证，然后与国内客户签订供货合同，明确进口商品的名称、规格、质量、价格、交货日期、结算方式等内容，做到以销定进。

（二）签订进口贸易合同

外贸企业在与国内客户协商签订供货合同的同时，要与国外出口商通过询盘、发盘、还盘与反还盘、接受四个环节进行磋商，并在磋商成功的基础上与国外出口商签订进口贸易合同。

（三）履行进口贸易合同

外贸企业履行进口贸易合同可分为五个环节，如图4-2所示。

环节一 **开立信用证**

外贸企业根据进口贸易合同规定的日期，向其所在地的外汇银行申请开立信用证，信用证的内容必须与进口贸易合同的条款相一致

环节二 **督促对方及时发货和办理必要的手续**

外贸企业开立信用证后，在合同规定的交货期前，应督促国外出口商及时备货，按时装船。倘若是以FOB价格成交的合同，应由外贸企业负责办理租船定舱工作，并及时将船名、船期等通知出口商；倘若是以FOB价格或CFR价格成交的合同，外贸企业还应办理货运保险。租船定舱工作通常委托外贸运输公司办理。货运保险工作是指外贸企业在收到出口商的装船通知后，立即将船名、开船日期、提单号数、商品名称、数量、装运港、目的港等通知保险公司，以此办理货运保险

环节三 **审核单据和付款赎单**

外贸企业收到银行转来的国外出口商的全套结算单据后，应对照信用证，核对单据的种类、份数和内容。只有在“单证相符，单单相符”的情况下，才能凭全套结算单据向开证行办理进口付款赎单手续。如发现单证不符，应及时通知开证行全部拒付或部分拒付

环节四 **海关报关和货物接运**

进口商品到达港口后，应及时办理海关报关和货物接运手续，并计算缴纳税款和港口费用

环节五 **商品检验和索赔**

外贸企业应及时请商检部门对进口商品进行检验，如发现商品数量、品种、质量、包装等与合同或信用证不符，应立即请商品检验部门出具商品检验证明书，以便据此在合同规定的索赔期限内，根据造成损失的原因和程度向出口商、运输公司或保险公司提出索赔

图4-2 履行进口贸易合同的五个环节

三、进口业务的单证审核及付款方式

（一）进口业务单证审核

进口业务单证的审核，主要包括对商业发票、海运提单、装箱单、重量单及检验证书的审核。在信用证条件下，主要是审核出口商是否完全按信用证要求提供完整的、准确的全套单证。在其他结算方式下，主要将单证与合同核对，并尽可能与商品验收情况核对。

（二）付款方式

目前，进口商品货款结算的主要方式有跟单信用证（L/C）、托收（D/P或D/A）及汇款（T/T）三种，其中，跟单信用证占90%以上。在结算过程中，如果发现单证不符需对外拒付的，必须于3～5天内将“拒付或部分拒付理由书”连同原全套单证全部退回银行（银行的合理审单期为7天，包括开证人审单时间），逾期银行将自动扣款对外承付。

财务部门负责复核全套进口单证和业务部门的付款通知书，向银行办理付款或拒付手续。

四、进口商品的采购成本

进口商品采购成本的组成，如图4-3所示。

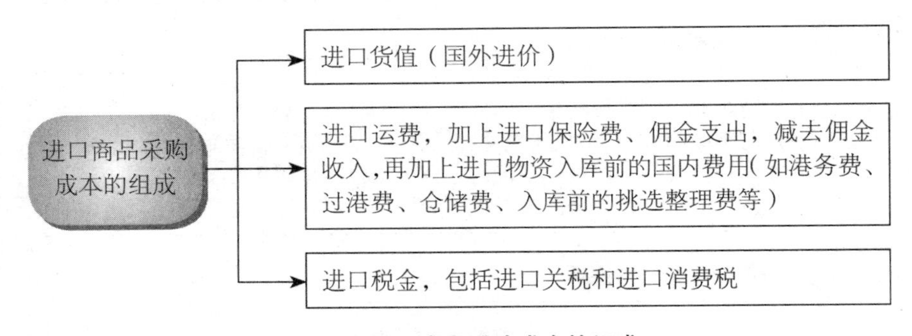

图4-3　进口商品采购成本的组成

五、进口商品的国内销售

进口商品的国内销售，是外贸企业将用外汇购进的各种商品物资，按照国内协商作价，销售给国内企业。进口商品销售收入的入账时间，传统上以开出进口结算单向国内用户办理货款结算的时间为准。

进口商品销售结算主要有单到结算、货到结算和出库结算三种。

具体是采用单到结算、货到结算还是出库结算，由外贸企业和国内用户商定。通常自营进口以货到结算为主。

第二节 自营进口业务会计核算

自营进口，是指外贸企业根据自身经营的需要和可能的外汇来源，自己经营进口业务，盈亏由企业自行负责。

一、自营进口业务的会计流程

自营进口业务的会计流程，如图4-4所示。

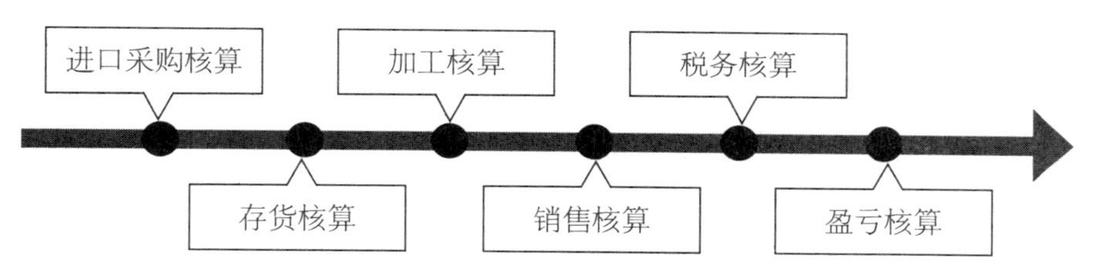

图4-4 自营进口业务的会计流程

二、自营进口业务的会计确认

自营进口业务的会计确认以所有权的转移为准。

（1）时点确认：进口单据审单通过后，确认进口物资的付款时点，作为会计入账时间。

（2）初始成本计量：以实付货价和从属费用为准，即采用历史成本。

三、自营进口商品采购业务的会计核算

（一）自营进口商品采购业务的确认

进口商品采购业务的确认和国内商品采购相同，以商品交接凭证为依据，以商品所有权的转移为标准。从法律上说，出口方对银行交单已构成交货，所有权已经转移。从会计上说，则要等到开证行向进口方交单，即进口方取得全套进口单据才据以入账。

（二）自营进口商品采购成本的构成

由于外贸企业自行承担进口业务的盈亏，企业的自营进口需如实、准确地反映商品的采购成本。

进口商品的采购成本包含进口商品从采购到入库前所发生的全部支出。按照《企业会计准则——存货》的规定，其采购成本包括购买价款、相关税费、运输费、装卸费、保险费以及其他可归属于存货采购成本的费用。自营进口商品采购成本的具体内容，见表4-1。

表4-1　自营进口商品采购成本的具体内容

序号	构成项目	说明
1	国外进价	进口商品的国外进价，一律以到岸价（CIF价）为基础。如果对外合同以离岸价（FOB）成交，商品离开对方口岸后应由进口方承担的运费、保险费、佣金等，计入商品的进价。收到的进口佣金冲减进价，如果不易按商品认定，冲减销售费用
2	进口税金	构成进口商品采购成本的进口税金，主要包括海关征收的进口关税、消费税。进口增值税作为价外税不计入商品的采购成本。进口商品在国外销售环节缴纳的各种税金，也不在进口商品的采购成本中核算
3	进货费用	商品到达我国口岸后发生的运输费、装卸费、保险费以及其他可归属于进口商品采购成本的进货费用，应计入所购商品的成本
4	委托代理费用	指企业委托其他单位代理进口时，支付给受托单位的手续费和其他费用

外贸企业在收到银行转来的全套进口单据，经审核符合信用证和合同要求，并通过银行向国外出口商承付全部或部分货款或承兑远期汇票时，进口商品的购进环节已经开始。

（三）自营进口商品采购业务的核算

1.自营进口商品采购业务核算开设的账户

自营进口商品采购业务核算开设两个账户，如图4-5所示。

“商品采购——进口商品采购”账户

该账户用于归集进口商品在采购过程中的各项支出。借方登记进口商品的国外进口价、支付的国外运保费及进口税金。收到的进口佣金以红字记入该账户的借方，借方之和，即是进口商品的采购成本。余额在借方，反映在途商品的进口成本

“库存商品——库存进口商品”账户

该账户用于反映库存进口商品的增减变动和结存情况。借方登记从“商品采购——进口商品采购”账户转入的进口商品成本；贷方登记商品销售后成本的结转数。余额在借方，反映尚未销售的进口商品的成本

图4-5　自营进口商品采购业务核算开设的账户

2. 自营进口商品采购业务的会计分录

自营进口商品采购业务的会计分录，见表4-2。

表4-2　自营进口商品采购业务的会计分录

序号	业务环节	会计分录
1	预存保证金时	借：其他货币资金——L/C存款（外币或人民币） 贷：银行存款（外币或人民币）
2	接到银行转来的国外单据	① 付款赎单时 借：在途物资——进口商品 贷：其他货币资金——L/C存款（外币或人民币） ② 支付国外运保费、佣金时 借：在途物资——进口商品 贷：银行存款（外币或人民币）
3	报关时	按海关纳税通知： 借：在途物资——进口商品（进口关税、消费税） 贷：应交税费——进口关税 应交税费——消费税 按海关纳税通知和规费收据支付时： 借：应交税费——进口关税 应交税费——消费税 销售费用（海关规费） 贷：银行存款
4	支付进口增值税时	借：应交税费——应交增值税（进项税额） 贷：银行存款
5	支付国内运杂费等时	借：在途物资——进口商品 贷：银行存款
6	进口货物入库时	借：库存商品——库存进口商品 贷：在途物资——进口商品

某外贸企业从美国进口卷烟500箱，每箱FOB价100美元，总计50 000美元，以信用证方式结算。

① 企业收到银行转来的全套进口单据及结汇付款通知，经审核无误，当即购汇承付货款，当日汇率1美元=6.82元人民币。

② 收到银行转来的进口结汇水单，支付国外运费1 200美元，进口保险费600美元，当日汇率1美元=6.82元人民币。

③ 卷烟运达我国口岸，向海关申报卷烟应纳进口关税123 646.60元，应纳消费税317 948.40元，应纳增值税135 128.07元。

④ 收到外商汇来的该批商品进口佣金1 500美元，当日汇率1美元=6.82元人民币。

⑤ 500箱进口卷烟验收入库，结转其采购成本。

⑥ 以银行存款支付进口卷烟的进口关税、消费税和增值税。

企业根据上述资料编制会计分录如下：

借：在途物资——进口物资（50 000×6.82）　　341 000
（或：借：商品采购——进口商品采购）
　　贷：银行存款　　341 000

借：在途物资——进口物资[（1 200+600）×6.82]　　12 276
（或：借：商品采购——进口商品采购）
　　贷：银行存款　　12 276

借：在途物资——进口物资　　441 595
（或：借：商品采购——进口商品采购）
　　贷：应交税费——应交进口关税　　123 646.60
　　　　　　　　——应交消费税　　317 948.40

借：银行存款　　10 230
　　贷：在途物资——进口物资　　10 230
（或：贷：商品采购——进口商品采购）

借：库存商品——进口卷烟　　784 641
　　贷：在途物资——进口物资　　784 641
（或：贷：商品采购——进口商品采购）

借：应交税费——应交进口关税　　123 646.60
　　　　　　——应交消费税　　317 948.40
　　　　　　——应交增值税（进项税额）　　135 128.07
　　贷：银行存款　　576 723.07

实例2

某外资企业根据协议为某商业批发企业用直接购汇方式从英国进口化纤原料200吨，每吨FOB伦敦80英镑，总计16 000英镑，采用单到结算。

① 收到国外凭证，经审核无误，填制外汇付款通知单，交银行承付。当日银行

外汇牌价为9元/英镑。

②按口岸商业批发价每吨1 500元，填制“进口商品结算单”“增值税专用发票”（增值税税率13%）和“托收承付结算凭证”，向商业批发企业收取货款。

③英国化纤原料运抵我国口岸，向海关申报应纳进口关税5 040元（假设关税税率为3.5%），进口增值税19 375.2元。

④支付国外运费、保费总计1 200英镑（汇率未变）。

⑤支付国内外运公司到货费用1 500元。

⑥结转进口商品的采购成本。

⑦支付英国化纤原料的进口关税和增值税。

企业根据上述业务编制会计分录如下：

借：商品采购——进口化纤原料	144 000	
贷：银行存款		144 000
借：应收账款——某商业批发企业	339 000	
贷：主营业务收入——自营进口销售收入		300 000
应交税费——应交增值税（销项税额）		39 000
借：商品采购——进口化纤原料	5 040	
贷：应交税费——应交进口关税		5 040
借：商品采购——进口化纤原料	10 800	
贷：银行存款（国外运费）		10 800
借：商品采购——进口化纤原料	1 500	
贷：银行存款（国内运费）		1 500
借：主营业务成本——自营进口销售成本	161 340	
贷：商品采购——进口化纤原料		161 340
借：应交税费——应交增值税（进项税额）	19 375.2	
——应交进口关税	5 040	
贷：银行存款		24 415.2

四、自营进口销售业务的会计核算

（一）自营进口销售业务的收入确认

在我国外贸企业中，习惯上以开出进口结算单、增值税专用发票向国内用户办理货款结算，作为商品销售成立的条件。外贸企业在收到国外账单，或进口货船到达我国港口后，应按照与用户的合同和有关规定向用户办理有关结算手续。外贸企业向国内用户办理货款结算时，有单到结算、货到结算和出库结算三种情况。这三种情况下销售收入实现的时间均不相同，如图4-6所示。

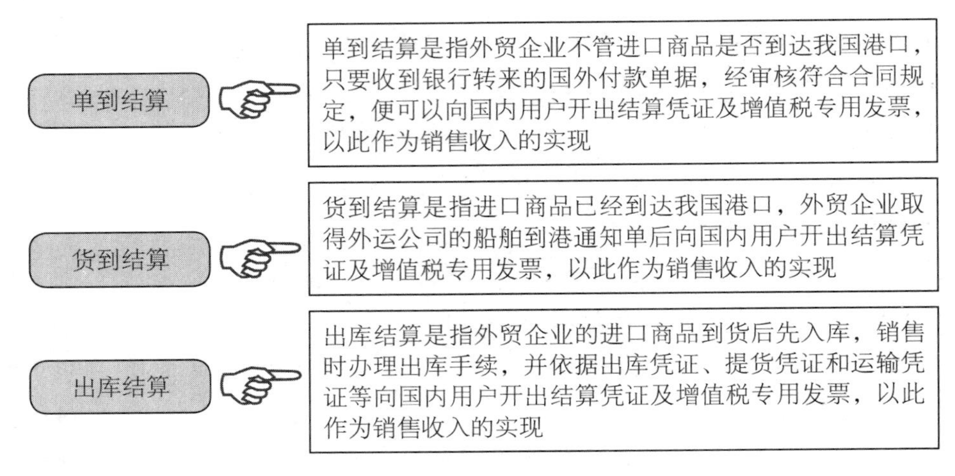

图4-6　三种情况下销售收入实现的时间

外贸企业向国内用户办理结算时具体采用哪种方式，由外贸企业与国内用户协商确定，并在销售协议中注明。不同的结算办法在会计核算上是有区别的。

外贸企业向国内用户销售自营进口商品，其作价原则是：属于国家定价的商品，按照国家指导价作价；属于市场议价的商品，按照市场供求关系，由企业与用户协商定价。可见，自营进口业务的国内作价与国际市场价格不挂钩，费用和税金也由外贸企业负担，外贸企业要承担自营进口业务的盈亏。

(二)自营进口销售业务的核算

自营进口销售业务的核算开设三个账户，如图4-7所示。

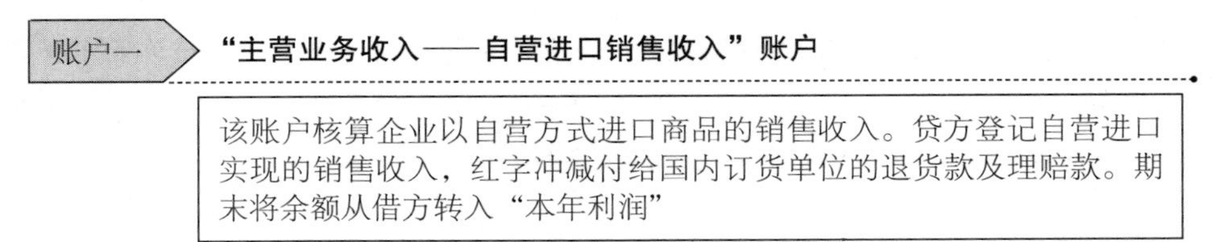

账户三　“应交税费——应交增值税”账户

根据现行税法的规定，自营进口商品在销售环节应缴纳增值税，计算应纳增值税或支付增值税时，应先通过“应交税费——应交增值税”科目核算。贷方用蓝字登记企业销售进口商品应收取的销项税额，用红字登记退回的销售货物应冲销的销项税额

图4-7　自营进口销售业务核算开设的账户

小提示

应当注意的是，为了不影响核算年度的进口销售盈亏情况，对于以前年度应调整的自营进口销售收入和销售成本等事项，在资产负债表日后和财务报告批准报出日之前发生的，应在“以前年度损益调整”账户中核算，之后发生的直接冲减自营进口销售收入和销售成本。

（三）会计分录

1.基本会计分录

（1）按发票金额确认销售收入

借：应收账款（外币或人民币）

　　贷：主营业务收入——自营进口销售收入

　　　　应交税费——应交增值税（销项税额）

（2）同时结转销售成本

借：主营业务成本——自营进口销售成本

　　贷：库存商品——库存进口商品

（3）结算时

借：银行存款（外币或人民币）

　　贷：应收账款（外币或人民币）

2.进口后内销实现销售的会计分录

（1）单到结算：单到结算的情况下，进口商品采购和销售核算是同时进行的。这时进口商品的采购成本尚未归集完毕，因此不能同时结转成本，会计分录见表4-3。

（2）货到结算：货到结算的情况下，进口商品的采购成本已经核算完毕，商品销售时，可以同时结转成本。

表 4-3 单到结算的会计分录

序号	业务环节	会计分录
1	接到银行转来的国外货款	借：在途物资——进口商品采购 贷：银行存款
2	同时向国内用户结算货款	借：应收账款——国内客户 贷：主营业务收入——自营进口销售收入 应交税费——应交增值税（销项税额）
3	当支付国外运保费	借：在途物资——进口商品采购 贷：银行存款
4	当货到口岸后支付应纳进口关税、增值税	借：在途物资——进口商品采购 贷：应交税费——应交关税 借：应交税费——应交关税 贷：银行存款 借：应交税费——应交增值税（进项税额） 贷：银行存款
5	结转进口成本（包括国外进价、运保费和进口关税）	借：主营业务成本——自营进口销售成本 贷：在途物资——进口商品采购

接到外运公司通知货到口岸后，即向国内用户结算。

借：应收账款——国内客户

贷：主营业务收入——自营进口销售收入

应交税费——应交增值税（销项税额）

同时结转进口成本，包括国外进价、运保费和进口关税。

借：主营业务成本——自营进口销售成本

贷：在途物资——进口商品采购

（3）出库结算：进口商品的采购成本早已核算完毕，并已转入库存，故商品销售时可以同时结转成本。当接到进口商品销售的出库通知单后，按合同或协议的销售价格向用户结算，结算的分录同上，并同时结转内销成本。

借：主营业务成本——自营进口销售成本

贷：库存商品

某外贸公司从日本进口服装机械一台，国外进价为（FOB）25 000 美元。该机械国外运费 3 000 美元，保险费 1 000 美元，关税税率 10%，增值税税率 13%。该服装机械将销售给A制衣公司，合同售价（价税合计）300 000元。另附有关会计资料：到货后国内费用1 500元，应摊国内费用1 250元。美元按当日汇率折合人民币记账。

（1）单到结算情况下，进口商品销售的核算

在这种情况下，进口商品采购核算和销售核算几乎是同时进行的。然而，进口商品采购成本的归集有一个过程，只有在商品的采购成本归集完毕后才能结转商品的销售成本。其核算程序和账务处理如下：

① 接到银行转来的国外单据，经审核无误支付国外货款时，假定当日美元汇率为1美元=6.42元人民币，做会计分录如下：

借：商品采购——进口商品采购（自营进口） 160 500
　贷：银行存款 160 500

② 同时，向国内用户结算并开具增值税专用发票，做销售处理：

借：应收账款——A制衣公司 300 000
　贷：主营业务收入——自营进口销售收入 265 486.73
　　应交税费——应交增值税（销项税额） 34 513.27

③ 支付国外运保费共计4 000美元，汇率未变：

借：商品采购——进口商品采购（自营进口） 25 680
　贷：银行存款 25 680

④ 货到口岸后计算应纳进口关税：

借：商品采购——进口商品采购（自营进口） 18 618
　贷：应交税费——应交进口关税 18 618

⑤ 货到口岸后计算并缴纳增值税与关税：

借：应交税费——应交进口关税 18 618
　　——应交增值税（进项税额） 26 623.74
　贷：银行存款 45 241.74

⑥ 支付进口货物到货后的运杂费1 500元。

借：商品采购——进口商品采购（自营进口） 1 500
　贷：银行存款 1 500

⑦ 进口商品的采购成本归集完毕，则可以结转进口成本（包括国外进价、运保费、进口关税和国内运费应摊国内费用等）。

借：主营业务成本——自营进口销售成本 207 548
　贷：商品采购——进口商品采购（自营进口） 207 548

（2）货到结算情况下，进口商品销售的核算

在这种情况下，进口商品的采购成本已经核算完毕，因此与国内客户办理货款结

算时，在反映自营进口销售收入的同时，也可以同时结转成本。其核算程序和账户处理如下：

① 接到外运公司通知货到口岸后，即向用户结算，开具增值税发票。

借：应收账款——A 制衣公司　　300 000

　贷：主营业务收入——自营进口销售收入　　265 486.73

　　应交税费——应交增值税（销项税额）　　34 513.27

② 同时，结转进口成本（包括国外进价、运保费、进口税金、国内运费、应摊国内费用等）。此时，进口商品的采购成本已在“商品采购——进口商品采购（自营进口）”科目归结完毕，可以直接转入成本。

借：主营业务成本——自营进口销售成本　　207 548

　贷：商品采购——进口商品采购（自营进口）　　207 548

（3）出库结算情况下，进口商品销售的核算

在这种情况下，进口商品的采购成本早已核算完毕，并已记入“库存商品”账户，商品销售时，可以同时结转销售成本。其核算程序和账户处理如下：

① 接到进口商品销售的出库通知单，按合同或协议规定的销售价格向用户结算，开具增值税发票。

借：应收账款——A 制衣公司　　300 000

　贷：主营业务收入——自营进口销售收入　　265 486.73

　　应交税费——应交增值税（销项税额）　　34 513.27

② 出库结算情况下，进口商品已运抵企业仓库，成本核算完毕，应根据入库单，做如下会计分录：

借：库存商品——库存进口商品　　207 548

　贷：商品采购——进口商品采购（自营进口）　　207 548

③ 同时结转成本。

借：主营业务成本——自营进口销售成本　　207 548

　贷：库存商品——库存进口商品　　207 548

（4）计算自营进口销售批次损益

反映进口销售盈亏情况的常用指标有如下五项：

① 自营进口销售总成本＝国外进价（FOB价）× 汇率＋国外运保费 × 汇率＋进口价内税－进口佣金＋国内运费＋国内摊入费用＋理赔

=25 000 × 6.42+4 000 × 6.42+18 618−0+1 500+1 250+0

=207 548（元）

② 自营进口销售净收入＝向国内客户结算收取的价款－折扣（佣金）

=265 486.73（元）

③ 自营进口销售盈亏额＝自营进口销售净收入－自营进口销售总成本

=265 486.73−207 548

=57 938.73（元）

④ 自营进口销售盈亏率＝自营进口销售盈亏额 ÷ 自营进口销售总成本 ×100%

=57 938.73 ÷ 207 548×100%

=27.92%

⑤ 进口每美元赚（赔）额＝自营进口销售盈亏额 ÷ 自营进口国外进价（美元）

=57 938.73÷（25 000+4 000）

=2

（四）自营进口销售业务的明细分类核算

为了完整地反映进口商品的销售收入和销售成本，外贸企业应根据商品的类别设置明细账，并采用专栏式格式进行明细核算。为了简化手续，也可以将进口销售成本和销售收入的明细账合并为一个账户进行核算。

五、自营进口商品其他业务的会计核算

（一）销货退回的核算

自营进口商品销售采取单到结算方式时，在银行转来国外的全套结算单据后，进行商品购进核算的同时，也要进行商品销售的核算。然而，在商品运达我国港口后，如果发现商品的质量与合同规定严重不符，外贸企业可根据商检部门出具的商品检验证明书，按照合同规定与国外出口商联系，将商品退回给出口商，并收回货款、进口费用和退货费用，然后向国内客户办理退货手续。

自营进口商品销售采取入库结算方式时，在进口商品入库以后再销售给国内客户。如果国内客户购进商品后，发现商品的品种、规格、质量等与合同不符，从而提出退货，经外贸企业业务部门同意后，可由其填制红字专用发票送各有关部门办理退货手续。财务部门收到业务部门转来的红字专用发票，根据发票所列的销售金额，借记“主营业务收入——自营进口销售收入”账户；根据发票所列的增值税额借记“应交税费”账户；根据价税合同额贷记

“应付账款”账户。如果退回的商品已结转了销售成本，那么同时还应予以转回，根据其采购的成本借记“库存商品”账户；贷记“主营业务成本——自营进口销售成本”账户。

（二）索赔、理赔的核算

如果自营进口商品销售采取单到结算方式，当进口商品到达时，所有权已属于国内客户，由其负责检验商品。如果发生商品短缺、质量与合同规定不符，应区别情况进行处理。如果属于运输单位责任或属于保险公司赔偿的范围，应由国内客户向运输单位或保险公司索赔；如果属于国外出口商的责任，应由外贸企业根据商检部门出具的商品检验证明书在合同规定的对外索赔期限内向出口商提出索赔，并向国内客户理赔。

“主营业务收入——自营进口销售收入”是损益类账户，用以核算企业自营进口商品的销售收入。企业取得自营进口商品销售收入时，记入贷方；发生自营进口销售商品国外运费、保险费、销货退回、理赔以及期末转入本年利润账户时，记入借方。

“主营业务成本——自营进口销售成本”是损益类账户，用以核算企业自营进口商品的销售成本。企业结转自营进口商品销售成本时，记入借方；冲减销货退回商品成本以及期末转入本年利润账户时，记入贷方。

综上所述，外贸企业进口业务的会计核算与国内商品流通业务的会计核算内容相近，主要围绕着商品购进、储存、销售三个环节进行。但由于其是跨国境的商品交易，所以与国内商品流通业务的会计核算也有许多不同。

（1）要设置记录外汇业务的复币式账户。

（2）要核算汇兑损益。

（3）既要遵循我国法律规定，又要遵守国际惯例。

（4）受政策和贸易方式影响较大。

（5）在销售收入、销售成本的确认时间、标准方面与国内商品流通业务的有关规定不同。

第三节　代理进口业务会计核算

代理进口业务会计核算的最大特点是，代理企业（受托方）处于中介服务地位，纯粹是接受其他企业委托，订立代理合同，进口商品。

代理企业应负责对外洽谈价格条款、技术条款、交货期，以及签订合同，并办理运输、开证、付汇等业务。

一、代理进口业务会计核算的原则

外贸企业经营代理进口业务，实质上是用委托单位的资金进口商品，并原价转给委托单位，同时将外方付来的佣金、索赔款全部退给委托单位，其不负担盈亏，只收取代理手续费。所以，在代理进口过程中，外贸企业应遵循不垫付进口商品资金，不负担进口商品的国内外费用，不承担进口业务盈亏的原则。只需根据进口商品金额的CIF价格，按规定的费率向委托单位收取代理手续费。

根据这一原则，外贸企业接受委托单位的委托以后，应事先签订代理协议，明确规定代理进口商品的名称、技术条件、规格尺寸、数量、包装条款、交货期、目的港、手续费等内容，同时明确双方的权利和责任。

代理进口结算，应由委托单位预先支付人民币资金，在代理全过程完成后开列“代理进口商品结算单”找补结算，见表4-4。

表4-4　代理进口商品结算单

结算项目	外币	人民币	备注
货值（FOB）			
国外运费			
国外保险费			
进口关税			
进口消费税			
进口增值税			
银行手续费			
代理手续费			
结算金额合计			

二、代理进口业务的核算

（一）代理进口业务销售收入的实现

外贸企业代理进口业务，应以开出进口结算单，向国内委托单位办理货款结算的时间确定销售收入。

由于外贸企业经营代理进口业务前，与委托单位已经签订了代理进口协议，并就代理进口商品的名称、价格条件、运输方式、费用负担、风险责任、手续费率等有关内容做了详细的规定。因此，当银行转来国外全套结转单据，经审核与合同无误，在支付进口商品货款的同时，可以向国内委托单位办理货款结算，这时，代理进口业务销售收入已经实现。

（二）代理进口业务核算开设的账户

根据会计准则的规定，外贸企业代理进口业务的代理手续费收入及其相关业务应通过“其他业务收入”“其他业务成本”账户核算。

1. 其他业务收入

该账户贷方反映代理进口手续费收入，借方结转“本年利润”。

2. 其他业务成本

该账户借方反映代理手续费收入应缴纳的营业税、城市建设维护税及教育费附加等，贷方结转“本年利润”。

（三）代理企业的会计处理环节

在进口代理业务中，代理企业的主要会计处理环节，见表4-5。

表4-5　代理企业的主要会计处理环节

序号	业务环节	会计分录
1	收到委托单位预付款时	借：银行存款 　贷：预收账款/应收账款/应付账款——××
2	收到银行转来的进口单据，审单无误后对外支付代理进口商品款时	借：预收账款/应收账款/应付账款——×× 　贷：银行存款——外汇存款
3	支付代理进口商品的海运费、保险费时	借：预收账款/应收账款/应付账款——×× 　贷：银行存款——外汇存款
4	进口报关，计算确定并缴纳代理进口商品的进口税金时	借：预收账款/应收账款/应付账款——×× 　贷：应交税费——应交增值税 　　　　　　——应交消费税 　　　　　　——应交关税 借：应交税费——应交增值税 　　　　　——应交消费税 　　　　　——应交关税 　贷：银行存款
5	支付应由委托方负担的银行手续费时	借：预收账款/应收账款/应付账款——×× 　贷：银行存款
6	支付应由受托方承担的银行手续费时	借：财务费用——手续费 　贷：银行存款

续表

序号	业务环节	会计分录
7	根据代理进口商品CIF价格收取代理手续费时	借：预收账款 / 应收账款 / 应付账款——×× 贷：其他业务收入——代理进口收入
8	计算代理手续费应纳的增值税时	借：其他业务成本 贷：应交税费——应交增值税
9	实际缴纳增值税时	借：应交税费——应交增值税 贷：银行存款

实例4

某外贸公司接受M百货公司委托，从美国进口化妆品100箱，每箱FOB纽约500美元，总计50 000美元，关税税率10%，增值税税率13%，消费税税率30%，代理手续费费率2.5%，银行手续费费率5‰，其账户处理如下：

（1）收到M百货公司预付代理进口化妆品款700 000元，做分录如下：

借：银行存款　　700 000

　贷：应收账款——M百货公司　　700 000

（2）收到银行转来的国外全套结算单据，开列化妆品100箱，每箱FOB纽约500美元，总计50 000美元，佣金1 500美元。审核无误，扣除佣金后支付货款，当日美元汇率为1美元=6.85元人民币，做如下会计分录：

借：应收账款——M百货公司　　332 225

　贷：银行存款　　332 225

（3）购汇支付美国化妆品的国外运费2 500美元、保险费192美元，汇率未变。

借：应收账款——M百货公司　　18 440.20

　贷：银行存款　　18 440.20

（4）计算应纳进口关税35 066.20元、消费税165 313.59元、增值税71 635.89元，做如下会计分录：

① 进口关税

借：应收账款——M百货公司　　35 066.20

　贷：应交税费——应交进口关税　　35 066.20

② 消费税

借：应收账款——M百货公司　　165 313.59

　贷：应交税费——应交消费税　　165 313.59

③ 增值税

借：应收账款——M百货公司　71 635.89

　贷：应交税费——应交增值税　71 635.89

（5）支付代理进口商品的银行手续费1 753.33元，做如下会计分录：

借：应收账款——M百货公司　1 753.33

　贷：银行存款　1 753.33

（6）向委托方结算代理手续费9 023.51元，做会计分录如下：

借：应收账款——M百货公司　9 023.51

　贷：其他业务收入——代理进口收入　9 023.51

（7）代委托方缴纳关税、消费税，增值税，做会计分录如下：

借：应交税费——应交进口关税　35 066.20

　贷：银行存款　35 066.20

借：应交税费——应交消费税　165 313.59

　贷：银行存款　165 313.59

借：应交税费——应交增值税　71 635.89

　贷：银行存款　71 635.89

（8）计算外贸企业代理手续费收入应缴纳的增值税451.18元、城建税31.58元及教育附加费18.04元，做会计分录如下：

借：其他业务成本——代理进口税金　500.80

　贷：应交税费——应交增值税　451.18

　　　　　　——应交城建税　31.58

　　　　　　——教育附加费　18.04

（9）向委托方办理货款结算。开出进口商品结算单与委托方进行价款结算，退回委托方货款66 542.28元，并做会计分录如下：

借：应收账款——M百货公司　66 542.28

　贷：银行存款　66 542.28

涉外代理手续费一般按CIF价的1.5% ~ 3%向订货单位收取。

① 货款（CIF）=（50 000美元+2 500美元+192美元）×6.85

=52 692×6.85

=360 940.20（元）

② 关税完税价格=（52 692美元−1 500美元）×6.85

=51 192×6.85

=350 665.20（元）

进口关税=350 665.20×10%=35 066.52（元）

③ 消费税计税价格=（350 665.20+350 665.20）÷（1−30%）

=551 045.31（元）

消费税=551 045.31×30%=165 313.59（元）

④ 增值税计税价格=350 665.20+35 066.52+165 313.59=551 045.31（元）

增值税=551 045.31×13%=71 635.89（元）

⑤ 银行手续费=（CIF−佣金）×手续费费率

=（360 940.20−10 275）×5‰

=1 753.33（元）

⑥ 涉外代理手续费=CIF×2.5%

=360 940.20×2.5%

=9 023.51（元）

小提示

代理进口业务如果发生对外索赔问题，其处理权利和取得的索赔收入均归委托单位，外贸企业只负责办理具体业务。

05

第五章

出口业务会计核算

【本章要点】

- 出口业务概述
- 自营出口业务会计核算
- 代理出口业务会计核算

第一节　出口业务概述

一、出口业务的种类

出口业务按其经营性质的不同，可分为自营出口、代理出口、加工补偿出口、援外出口、易货贸易出口等。

（一）自营出口业务

自营出口业务，是指外贸企业自己经营出口业务，并自负出口盈亏。企业在取得出口销售收入、享受出口退税的同时，要承担出口商品的进价成本，以及与出口业务有关的一切境内外费用、佣金支出，并且还要对索赔、理赔、罚款等事项加以处理。

出口企业在一般贸易项下的出口包括直接出口，转口贸易，托售出口、进料加工复出口，样展品、小卖品出口等，从大的角度来说，以上这些都是自营出口。随着取得进出口经营权的企业越来越多，我国企业自营出口的份额占出口总额的比重也越来越大。

（二）代理出口业务

代理出口业务，是指有进出口经营许可权的外贸企业接受国内其他单位的委托，代理对外销售、交单和结汇，以及发运、制单等全过程的出口销售业务。代理企业仅收取一定比例的手续费。

目前，代理出口业务有以下两种形式：

1. 视同买断方式

视同买断方式是指委托方和受托方签订协议，委托方按协议价收取所代销商品的货款，实际售价（出口价）可由受托方自定，实际售价与协议价之间的差额归受托方所有的销售方式。

2. 收取手续费方式

收取手续费方式是指受托方根据所代销商品数量向委托方收取手续费的销售方式。

二、出口合同履行的基本环节

CIF术语成交的基本环节，如图5-1所示。

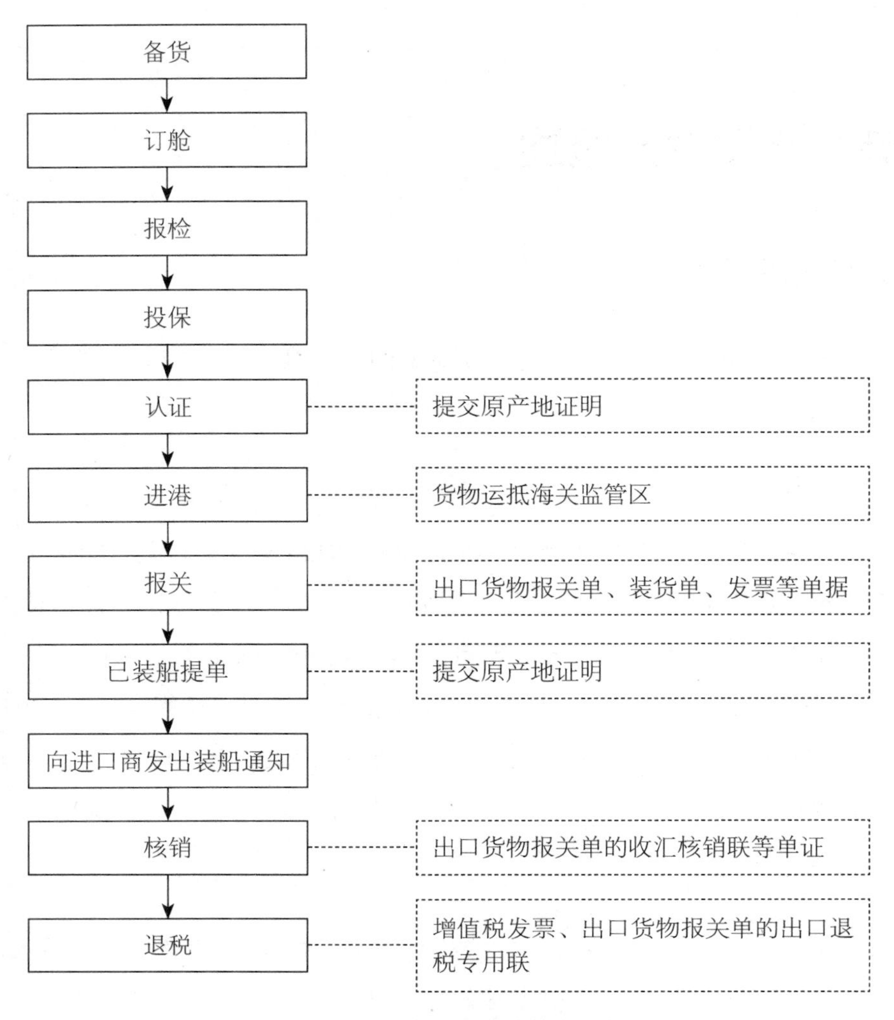

图 5-1　CIF 术语成交的基本环节

三、出口业务单证的管理

（一）出口业务合同的管理

（1）出口合同订立后，具有法律约束力。

（2）在结算方式上，统一使用即期信用证；变更结算方式时，事前必须征得财务部门的同意。

（二）其他出口单证的管理

（1）银行履行付款责任的依据，只是有关的单据而不是货物。

（2）各项出口单证必须根据合同及信用证有关规定进行制作。

（3）外销商业发票及结算单证是最主要的单证。

（4）以使用不可撤销的跟单信用证为原则。

第二节　自营出口业务会计核算

一、自营出口业务销售收入的会计处理

（一）自营出口销售收入的确认

（1）商品所有权的主要风险和报酬已转移给了购货方。

（2）没有保留通常与所有权相关的继续管理权，也没有对已售商品实施控制。

（3）与交易相关的经济利益能够流入企业。

（4）相关的收入与成本能够可靠计量。

原则上在取得运单并向银行办理交单后，确认出口销售收入的实现。

（二）自营出口销售收入的计量

（1）出口商品销售收入的入账金额一律以离岸价（FOB价）为准。

（2）海外运输费和保险费不是出口企业的收入。

（3）海外运输费和保险费、佣金应冲减出口销售收入。

二、自营出口业务会计科目的设置

在出口业务核算中，出口企业应按《企业会计准则》的规定设置“主营业务收入——自营出口销售收入”“主营业务成本——自营出口销售成本”等一级及二级会计科目。

为了加强对出口商品销售盈亏的核算和分析，出口企业可再行设置明细账户进行分类核算。

会计账户除反映出口货物的数量、单价、销售收入及成本等内容外，还应反映发票号码、合同号码、货物的品种规格、价格条款、出口地区、外币原币金额，以及所支付的境外运费、保险费、佣金等内容。

三、自营出口销售一般业务的核算

（一）出口销售收入的核算

1. 出库待运时

外贸企业出口销售通常采用信用证结算。业务部门根据贸易合同和信用证的规定，开具出库单一式数联，储运部门据此向运输单位办理托运，然后将出库单转给财务部门。财务部门根据出库单做如下会计分录：

借：待运和发出商品

　　贷：库存商品——库存出口商品

2. 出口交单

出口商品已经装船并取得全套货运单据时，即可根据信用证或出口合同规定，持全套出口单证向银行办理交单手续。财务部门凭银行回单及出口发票副本做如下会计分录：

借：应收账款——应收外汇账款

　　贷：主营业务收入——自营出口销售收入

3. 结转销售成本

财务部门将储运部门转来的出库单所列的商品品名、规格、数量与发票副本核对相符后，结转商品销售成本，编制如下会计分录：

借：主营业务成本——自营出口销售成本

　　贷：待运和发出商品

4. 出口收汇

财务部门收到银行转来的收汇通知，收妥外汇后做如下会计分录：

借：银行存款——外汇存款

　　贷：应收账款——应收外汇账款

某食品进出口公司根据出口贸易合同，销售给国外客户黄酒200吨，采用信用证结算。

① 3月1日，收到物流企业转来的出库单（记账联），列明出库黄酒200吨，每吨2 500元，予以转账。

② 3月5日，收到业务部门转来的销售黄酒的发票副本和银行回单，发票开列黄酒200吨，每吨400美元CIF价格，货款共计80 000美元，当日美元汇率的中间价为6.28元，并结转出口黄酒的销售成本。

③ 3月15日，收到银行收汇通知，80 000美元已收汇。银行扣除100美元手续费后将其余部分存入外汇存款账户，当日美元汇率的中间价为6.27元。

借：待运和发出商品	500 000	
贷：库存商品——库存出口商品		500 000
借：应收账款——应收外汇账款（US ＄80 000×6.28）	502 400	
贷：主营业务收入——自营出口销售收入		502 400
借：主营业务成本——自营出口销售成本	500 000	
贷：待运和发出商品		500 000
借：主营业务收入——自营出口销售收入	627	
银行存款——外汇存款（US ＄79 900×6.27）	500 973	
贷：应收账款——应收外汇账款（US ＄80 000×6.27）		501 600

（二）支付国内费用的核算

出口过程中发生的各项国内运杂费等费用，均应计入“销售费用”账户。

借：销售费用

贷：银行存款

实例2

3月4日，某外贸公司签发转账支票支付物流公司将商品运送上海港的运杂费6 000元，并支付装船费1 500元，分录如下：

借：销售费用——运杂费	6 000	
——装卸费	1 500	
贷：银行存款		7 500

（三）支付国外运费和保险费的核算

若以FOB价成交，外贸企业就不用承担国外运费和保险费；若以CFR价成交，外贸企业只承担国外运费；若以CIF价成交，外贸企业将承担国外运费和保险费。

由于自营出口商品销售收入是按FOB价格计价的，因此，外贸企业负担的国外运费和保险费应冲减“主营业务收入——自营出口销售收入”账户。

支付国外运费和保险费的核算要点，见表5-1。

表5-1　支付国外运费和保险费的核算要点

序号	业务环节	会计分录
1	支付国外运费时	借：主营业务收入——自营出口销售收入 　贷：银行存款
2	支付国外保险费时	借：主营业务收入——自营出口销售收入 　贷：银行存款

某食品进出口公司出口销售给国外客户黄酒200吨，发生的国外运费和保险费如下：

① 3月2日，收到外轮运输公司发票1张，系200吨黄酒的运费3 000美元，当即从外币账户支付，当日美元汇率的中间价为6.28元。

② 3月3日，按黄酒销售发票金额80 000美元的110%向保险公司投保，保险费率为0.2%，当即从外币账户支付，当日美元汇率的中间价为6.25元。

支付国外运费时：

借：主营业务收入——自营出口销售收入　　18 840

　贷：银行存款——美元户（US ＄3 000×6.28）　　18 840

支付国外保险费时：

借：主营业务收入——自营出口销售收入　　1 100

　贷：银行存款——美元户（US ＄176×6.25）　　1 100

（四）支付国外佣金的核算

国外佣金有明佣、暗佣和累计佣金三种。

（1）明佣

明佣是根据成交价格在出口发票上注明的发票内佣金，此时发票上将列明销售金额、佣金以及扣除佣金后的销售净额。

明佣采用票扣方式，即在发票上减除佣金，在信用证上有“扣除佣金”的字句。

明佣的会计处理：

借：应收账款——应收外汇账款

　主营业务收入——自营出口销售收入（明佣）

贷：主营业务收入——自营出口销售收入

某外贸企业向美国出口产品一批，CIF价8 000美元，扣除4%明佣（320美元）后的销货净额为7 680美元，出口交单日美元汇率的中间价为6.25元。

借：应收账款——应收外汇账款（US ＄7 680×6.25）　48 000

　主营业务收入——自营出口销售收入（明佣）　2 000

贷：主营业务收入——自营出口销售收入　50 000

（2）暗佣

暗佣是指不在出口发票上列明佣金，而是在买卖合同中规定佣金率和支付方法。

暗佣的支付方式不一样，会计核算的要求也不一样，具体见表5-2。

表5-2　暗佣的会计核算

序号	支付方式	会计分录
1	出口并向银行交单，由银行按规定佣金率代扣后支付给境外的中间商	① 出口交单时，确认出口收入 借：应收账款——应收外汇账款 贷：主营业务收入——自营出口销售收入 ② 出口方根据合同中的佣金条款，做如下处理 借：主营业务收入——自营出口销售收入（暗佣） 贷：应付账款——应付外汇佣金 ③ 由银行代扣应付佣金 借：财务费用——汇兑损益 银行存款 应付账款——应付外汇佣金 贷：应收账款——应收外汇账款
2	出口交单并收妥全部货款后，再将佣金另行汇付境外中间商	① 出口方根据合同中的佣金条款，做如下处理 借：主营业务收入——自营出口销售收入（暗佣） 贷：应付账款——应付外汇佣金 ② 出口方收到货款时 借：银行存款 贷：应收账款——应收外汇账款 ③ 出口方将佣金另行汇付境外中间商 借：应付账款——应付外汇佣金 贷：银行存款

实例5

某食品进出口公司出口销售给国外客户黄酒200吨，货款共计80 000美元，采取暗佣支付方式，佣金率为3%。

① 3月5日，根据出口黄酒3%的佣金率，将应付客户暗佣（2 400美元）入账，当日美元汇率的中间价为6.25元。

② 3月16日，货款已于15日收到，现将黄酒佣金汇付给该国外客户，当日美元汇率的中间价为6.24元。

借：主营业务收入——自营出口销售收入（暗佣） 15 000

　贷：应付账款——应付外汇佣金（US ＄2 400×6.25） 15 000

出口方将佣金另行汇付境外中间商。

借：应付账款——应付外汇佣金（US ＄2 400×6.24） 14 976

　贷：银行存款——外汇存款（US ＄2 400×6.24） 14 976

（3）累计佣金

累计佣金是指出口企业与包销、代理客户签订合同，规定在一定时间内推销一定数量或金额以上的某种商品后，按累计销货金额和佣金率支付给客户的佣金。

累计佣金倘若能直接认定到具体的出口商品，应冲减“主营业务收入”账户；倘若不能直接认定到具体的出口商品，应计入“销售费用”账户，即：

借：主营业务收入——自营出口销售收入（累计佣金）

　或销售费用——累计佣金

　贷：银行存款——外汇存款

四、预估国外费用的核算

为了遵循权责发生制及配比原则，正确核算出口当期的损益，出口企业应在每季度结算或年终结算时，对已在财务上做了出口销售处理，但与该销售收入相对应的尚未支付的境外运输费、保险费，以及应付的佣金等，分别预估入账。

（1）期末预估境外费用时，做如下会计分录：

借：主营业务收入——自营出口销售收入

　贷：应付账款——应付外汇账款

（2）下月初用红字冲销原预估境外费用。

（3）实际支付境外费用时，做如下会计分录：

借：应付账款——应付外汇账款

　贷：银行存款——外汇存款

如果实际支付额与预估金额有差异，其差额应列入“主营业务收入——自营出口销售收入”账户。

借：主营业务收入——自营出口销售收入

　贷：银行存款——外汇存款

实例6

某外贸公司日前销售给美国一公司红枣一批，已入账。

① 12月31日，预估红枣的国外运费1 800美元，保险费125美元，当日美元汇率的中间价为6.28元。

② 次年1月3日，支付运输公司国外运费1 825美元，支付保险公司保险费125美元，当日美元汇率的中间价为6.29元。

12月31日，暂估国外费用入账：

借：主营业务收入——自营出口销售收入	12 089
贷：应付账款——应付外汇账款（US ＄1 925×6.28）	12 089

次年1月3日，实际支付时：

借：应付账款——应付外汇账款（US ＄1 925×6.28）	12 089
以前年度损益调整——自营出口销售收入	176.5
贷：银行存款——外汇存款（US ＄1 950×6.29）	12 265.5

五、出口销售退回的核算

商品出口销售后，如因各种原因，经双方协商，同意退回原货或另换新货，或退货后就地委托客户寄售时，应分不同情况进行账务处理。

（一）退回

1.退关的核算

出口商品出库后，如因未能装运出口而被重新运回仓库，应凭入库单，做如下会计分录：

借：库存商品——库存出口商品

贷：待运和发出商品

2. 销售退回的核算

（1）确认销售退回：

借：主营业务收入——自营出口销售收入

贷：应收账款——应收外汇账款（销售净额）

主营业务收入——自营出口销售收入（明佣）

（2）冲转出口销售成本：

借：待运和发出商品

贷：主营业务成本——自营出口销售成本

（3）暗佣：

借：主营业务收入——自营出口销售收入

贷：应收账款——应收外汇账款

借：应付账款——应付外汇账款

贷：主营业务收入——自营出口销售收入（暗佣）

（4）退回商品入库：

借：库存商品

贷：待运和发出商品

（2）（4）可合并。

（5）原出口时支付的国外运保费以及国内运杂费等费用要经过“待处理财产损益”账户处理：

借：待处理财产损益

贷：主营业务收入——自营出口销售收入

销售费用

货物退回时发生的国内外费用：

借：待处理财产损益

贷：银行存款

查明原因后：

借：其他应收款（供货单位责任）

营业外支出

贷：待处理财产损益

某外贸公司出口新加坡甲公司服装一批，销售金额50 000美元CIF价格，明佣1 000美元，该批服装的进价成本为375 000元，已支付国内运杂费1 200元，装卸费450元，国外运费1 200美元，保险费110美元。因服装规格不符，商品已被退回。

① 4月5日，收到出口退回商品提单，原发票复印件，当日美元汇率的中间价为6.28元。

② 4月7日，汇付退回服装的国外运费1 200美元，保险费110美元，当日美元汇率的中间价为6.27元。

③ 4月8日，支付退回服装的国内运费和装卸费1 600元。

④ 4月10日，退回商品已验收入库。

⑤ 4月12日，查明退货系供货单位的责任。与其联系后，国内外费用由其负责赔偿。

会计处理如下：

① 确认销售退回：

借：主营业务收入——自营出口销售收入 314 000

　贷：应收账款——应收外汇账款（销售净额）（49 000×6.28） 307 720

　　主营业务收入——自营出口销售收入（明佣） 6 280

冲转出口销售成本时：

借：待运和发出商品 375 000

　贷：主营业务成本——自营出口销售成本 375 000

② 汇付退回服装的国外运费、保险费：

借：待处理财产损益（1 310×6.27）+1 650 9 863.70

　贷：主营业务收入——自营出口销售收入 8 213.70

　　销售费用 1 650

③ 支付退回服装的国内费用：

借：待处理财产损益 1 600

　贷：银行存款 1 600

④ 退回商品入库时：

借：库存商品 375 000

　贷：待运和发出商品 375 000

⑤ 查明原因后：

借：其他应收款（供货单位责任）（9 863.70+1 600）　　11 463.70

　贷：待处理财产损益　　11 463.70

（二）退回调换另一种商品

若出口商品退回调换另一种商品，不论是部分调换还是全部调换，均应先按照上述“退回”的情况冲销原已确认的收入和成本，并对应由出口企业承担的一切费用做相应处理；然后在重新发货时，按自营出口业务做确认收入及结转成本的账务处理（先做销售退回处理，再重新做自营出口销售的处理）。

（三）出口退货的商品由境外经销商代销

若外销商品遭国外退货后不再运回国内，而改由境外客户或经销商代销，出口企业则应与代销企业订立代销合同，并约定代销参考价格，待实际销售出去之后，再按实际销售价格及合同规定的方式结算货款。同时对改为代销前原出口时确认的收入和结转的成本进行冲销，对退货中应由出口企业承担的一切费用做相应处理，见表5-3。

表5-3　出口退货的商品由境外经销商代销的会计处理

序号	业务环节	会计分录
1	当订立代销合约后	借：主营业务收入——自营出口销售收入 　贷：应收账款——应收外汇账款（销售净额） 　　　主营业务收入——自营出口销售收入（明佣）
2	冲转出口销售成本时	借：委托代销商品 　贷：主营业务成本——自营出口销售成本
3	代销前原支付的国内外费用	借：待处理财产损益 　贷：主营业务收入——自营出口销售收入 　　　销售费用
4	收到境外代销商寄来的代销清单时	借：应收账款——应收外汇账款 　　主营业务收入——自营出口销售收入（佣金、仓储费等） 　贷：主营业务收入——自营出口销售收入
5	结转代售成本时	借：主营业务成本——自营出口销售成本 　贷：委托代销商品

六、对外索赔的核算

索赔是指外贸企业因对方违反合同规定遭受损失时，根据规定向对方提出的赔偿要求。

（1）国外客户违反合同规定致使出口企业遭受损失的，出口企业根据合同规定向对方提出赔偿要求，对方同意赔偿时，应做如下会计分录：

借：应收账款——应收外汇账款（出口索赔）

贷：营业外收入

（2）收到索赔款时，应做如下会计分录：

借：银行存款——外汇存款

贷：应收账款——应收外汇账款（出口索赔）

七、对外理赔的核算

理赔是指外贸企业因违反合同规定使对方遭受损失时，受理对方根据规定提出的赔偿要求。

（一）基本要求

1.受理理赔时

借：待处理财产损益——待处理流动资产损益

贷：应付账款——应付外汇账款（出口理赔）

2.支付理赔款项时

借：应付账款——应付外汇账款（出口理赔）

贷：银行存款——外汇存款

3.经批准后，转入“营业外支出”时

借：营业外支出——出口理赔支出

贷：待处理财产损益——待处理流动资产损益

（二）不同情况下的会计处理

不同情况下的会计处理，见表5-4。

表5-4 不同情况下的会计处理

序号	情况	会计分录
1	出口商品质量、数量、规格等与合同不符	① 在确认理赔时 借：待处理财产损益——待处理流动资产损益 贷：应付账款——应付外汇账款 ② 查明原因后 借：其他应收款（供货单位责任） 营业外支出 贷：待处理财产损益——待处理流动资产损益

续表

序号	情况	会计分录
2	若境外客户提出索赔，经查是保险公司、供货单位等责任人造成的，出口企业在向境外客户理赔后，应向相关责任人追偿	借：应收账款——相关责任人 贷：待处理财产损益——待处理流动资产损益
3	如境外客户提出索赔，系我方少发货造成的	① 经核实后确认理赔，根据外销出仓凭证（红字）等，先按少发数量和原出口时所列单价分别冲转原收入和成本，会计分录如下： 借：主营业务收入——自营出口销售收入 贷：应收账款——应收外汇账款/应付账款——应付外汇账款 借：待处理财产损益——待处理流动资产损益 贷：主营业务成本——自营出口销售成本 ② 经查，如上述少发商品确在仓库，根据仓库盘存溢余报告单，做如下会计分录： 借：库存商品——库存出口商品 贷：待处理财产损益——待处理流动资产损益 ③ 经查，如上述少发商品系供货单位造成的，经双方确认，向供货方追回少发商品的货款时，做如下会计分录： 借：银行存款/应收账款——国内供货单位 贷：待处理财产损益——待处理流动资产损益 ④ 经查，如上述少发商品确系短缺，是我方责任，应按规定审批权限，报经批准后，列入“营业外支出”科目核算，会计分录如下： 借：营业外支出——出口理赔支出 贷：待处理财产损益——待处理流动资产损益
4	当货物出口后，发现错发了商品（应发甲商品而错发了乙商品）	① 错发出乙时（会计按发出甲商品做账务处理） A. 确认理赔时 借：应收账款——应收外汇账款 贷：主营业务收入——自营出口销售收入（甲商品） 借：主营业务成本 贷：库存商品——甲商品 B. 如双方协商可不再调换商品，而改由退补价方式处理 借：主营业务收入——自营出口（甲商品） 贷：应收账款——应收外汇账款 主营业务收入——自营出口（乙商品） 借：库存商品——甲商品 贷：库存商品——乙商品 贷（借）：主营业务成本 ② 错发出乙时（会计按乙商品做账务处理） A. 确认理赔时 借：应收账款——应收外汇账款

续表

序号	情况	会计分录
4	当货物出口后，发现错发了商品（应发甲商品而错发了乙商品）	贷：主营业务收入——自营出口销售收入（乙商品） 借：主营业务成本 贷：库存商品——乙商品 B. 如对方同意调整商品 借：主营业务收入——自营出口销售收入（乙商品） 贷：应收账款——应收外汇账款 主营业务收入——自营出口销售收入（甲商品） 借：库存商品——乙商品 贷：库存商品——甲商品 贷（借）：主营业务成本 C. 如双方协商可不再调换商品，则不调整账面记录

实例8

① 某外贸公司出口泰国某公司服装一批，因商品质量问题，对方提出索赔1000美元，当日美元汇率的中间价为6.20元。

② 该公司出口日本神户公司服装一批，我方少发了价值1000美元的货，这批货的成本为4 900元人民币，当日美元汇率的中间价为6.20元。

③ 该公司出口服装一批，发现出口时应发甲商品而错发了乙商品，出库单为甲产品的出库单。

甲产品：成本5 000元人民币，外销价为6 000美元

乙产品：成本5 500元人民币，外销价为7 000美元

双方协商可不再调换商品，而改由退补价方式处理，美元汇率的中间价为6.20元。

① 借：待处理财产损益——待处理流动资产损益　　6 200
　　贷：应付账款——应收外汇账款（1 000×6.20）　　6 200

② 借：主营业务收入——自营出口销售收入　　6 200
　　贷：应收账款——外汇（1 000×6.20）　　6 200
　借：待处理财产损益——待处理流动资产损益　　4 900
　　贷：主营业务成本——自营出口销售成本　　4 900

③ 借：主营业务收入——自营出口销售收入（甲商品）　　37 200
　　　应收账款——外汇（1 000×6.20）　　6 200
　　贷：主营业务收入——自营出口销售收入（乙商品）　　43 400

借：库存商品——甲商品　　5 000
　　主营业务成本　　500
　贷：库存商品——乙商品　　5 500

第三节　代理出口业务会计核算

代理出口是指有进出口经营许可权的外贸企业接受国内其他单位的委托，代理对外销售、交单和结汇，以及发运、制单等全过程的出口销售业务。

一、代理出口业务应遵循的原则

受托出口企业经办代理出口业务的原则是：不垫付商品资金，不负担基本费用，不承担出口销售盈亏，只收取一定比例的代理出口手续费。也就是说，由委托方提供出口货源，负担一切境内外基本费用，承担出口销售盈亏，支付代理出口手续费。

二、代理出口业务的财务管理内容

（一）出口外汇收入的归属

（1）代理出口业务，一律由代理人负责收汇。

（2）异地结汇，即委托单位结汇。委托人为经批准允许保留现汇的企业，代理人凭有关外汇管理法规规定的有效凭证和商业单据将原币划转给委托人。

（3）当地结汇，即受托单位结汇。委托人为不允许保留现汇的企业，代理人结汇后将货款按有关规定支付给委托人。

（二）代理出口销售收入的确认

按外销发票上的金额确认。

（三）会计科目设置

应设置“受托代销商品”科目。

（四）出口退税

外贸企业负责出口操作、报关，以及收汇，在核销外汇后应到当地主管税务部门办理“代理出口退税证明”，并提交委托方，由其到当地的主管税务部门办理退税手续（即委托方办理退税手续），如图5-2所示。

图5-2　出口退税的流程

三、代理出口销售业务的会计核算

（一）代理出口商品收发的核算

外贸企业根据合同规定收到委托单位发来的代理出口商品时，应根据物流企业转来的代理业务入库单上所列的金额，借记“受托代销商品”账户；贷记“代销商品款”账户。代理商品出库后，应根据物流企业转来的代理业务出库单上所列的金额，借记“待运和发出商品——受托代销商品”账户；贷记“受托代销商品”账户。

深圳某服装进出口公司为东莞服装厂代理出口服装业务。

（1）9月2日，收到物流企业转来的代理业务入库单，列明入库男西服800套，每套265元，分录如下：

借：受托代销商品——东莞服装厂　　212 000

　贷：代销商品款——东莞服装厂　　212 000

（2）9月5日，收到物流企业转来的代理业务出库单，列明出库男西服800套，每套265元，分录如下：

借：待运和发出商品——受托代销商品　　212 000

　贷：受托代销商品——东莞服装厂　　212 000

（二）代理出口商品销售收入的核算

为代理出口商品交单办理收汇手续，取得银行回单时，就意味着销售已经确认，然而这是委托单位的销售收入，因此应通过“应付账款”账户核算。届时根据代理出口商品的销售金额，借记“应收账款——应收外汇账款”账户，贷记“应付账款”账户；同时结转代理出口商品的销售成本，根据代理出口商品的出库金额，借记“代销商品款”账户，贷记“待运和发出商品”账户。

深圳某服装进出口公司根据代理出口合同，销售给美国波斯顿公司一批男西服。

（1）9月6日，收到业务部转来的代理销售男西服的发票副本和银行回单，发票开列男西服800套，每套62.50美元CIF价格，货款共计50 000美元，佣金1 000美元，当日美元汇率的中间价为6.42元，分录如下：

借：应收账款——应收外汇账款（US $49 000×6.42）　　314 580

　贷：应付账款——东莞服装厂　　314 580

（2）9月6日，同时根据代理业务出库单（转账联）结转代理出口男西服的销售成本，分录如下：

借：代销商品款——东莞服装厂　　212 000

　贷：待运和发出商品——受托代销商品　　212 000

（三）垫付国内外直接费用的核算

外贸企业在垫付国内外直接费用时，应借记“应付账款”账户，贷记“银行存款”账户。

深圳某服装进出口公司代理销售男西服，发生的国内外直接费用如下：

（1）9月7日，签发转账支票2张，分别支付运输公司将西服运送至蛇口港的运杂费456元、装船费400元，分录如下：

借：应付账款——东莞服装厂　　856

　贷：银行存款　　856

（2）9月8日，签发转账支票2张，分别支付外轮运输公司的运费800美元、保险公司的保险费150美元，当日美元汇率的中间价为6.42元，分录如下：

借：应付账款　　6 099
　贷：银行存款——外汇存款（US $950×6.42）　　6 099

（四）代理出口销售收汇的核算

外贸企业代理出口销售收汇时，如采取异地结汇法，在收到银行转来的垫付代理出口商品的国内外直接费用和代理手续费时，应根据收到的金额，借记“银行存款”账户，贷记“应收账款——应收外汇账款”账户。并根据业务部门转来的按代理出口销售收入金额的一定比例开具的代理手续费发票的金额，借记“应收账款——”账户，贷记“其他业务收入”账户。同时还应根据银行划拨委托单位的金额，借记“应付账款”账户，贷记“应收账款——应收外汇账款”账户。

深圳某服装进出口公司代理销售男西服，采取异地结汇法，代理业务的手续费率为2%，发生收汇业务。

（1）9月20日，收到银行转来分割结汇的收账通知，金额为2 083美元，其中代理业务代垫国内运费456元，装船费400元；代垫国外运费800美元，保险费150美元；代理手续费1 000美元，款项全部存入外币存款户。当日美元汇率的中间价为6.42元，做分录如下：

借：银行存款——外汇存款（US $2083 ×6.42）　　13 372.86
　贷：应收账款——应收外汇账款（US $2083×6.42）　　13 372.86

（2）9月20日，同时根据代理业务收取代理手续费的发票（记账联），做分录如下：

借：应收账款——应收外汇账款　　6 420
　贷：其他业务收入（US $1 000×6.42）　　6 420

（3）9月20日，同时根据银行转来的分割结汇通知，划拨东莞服装厂收汇余额46 850美元，做分录如下：

借：应付账款——东莞服装厂　　300 777
　贷：应收账款——应收外汇账款（US $46 850×6.42）　　300 777

外贸企业代理出口销售业务如采用全额收（结）汇法，收到银行转来的收汇通知收取全部款项时，应借记“银行存款——外汇存款”账户，贷记“应收账款——应收外汇账款”账户。然后由业务部门按代理出口销售收入的一定比例开具收取代理手续费的发票，其中的记账联送交财务部门扣款。财务部门将代理出口销售收入金额减去垫付的国内外费用后的差额借记“应付账款”账户；根据业务部门转来的代理手续费发票记账联贷记“其他业务收入”账户；将两者之间的差额汇付委托单位，然后根据汇款回单，贷记“银行存款”账户。

“受托代销商品”是资产类账户，用以核算企业接受其他单位委托代理出口的商品和代销的商品。企业收到其他单位的代理出口商品或代销商品时，记入借方；代理出口商品发运后或代销商品销售后，结转其成本时，记入贷方；余额在借方，表示委托代理出口商品和代销商品的结存额。

“代销商品款”是负债类账户，用以核算企业接受代理出口商品和代销商品的货款。企业收到代理出口商品或代销商品时，记入贷方；代理出口商品或代销商品销售时，记入借方；余额在贷方，表示尚未销售的代理出口商品和代销商品的数额。

（五）代理出口销售业务税金的核算

代理出口销售业务的退税由委托单位自行办理。

外贸企业代理出口销售业务所取得的代理手续费收入，应根据税法规定，按规定的税率缴纳增值税。在月末计提时，借记“其他业务成本”账户，贷记“应交税费”账户。

实例13

深圳某服装进出口公司按代理出口销售手续费收入6 420元的3%计提增值税，做分录如下：

借：其他业务成本　　192.60

　　贷：应交税费——应交增值税　　192.60

次月初向税务机关缴纳增值税时，借记“应交税费”账户，贷记“银行存款”账户。

06

第六章

加工贸易会计

【本章要点】

- 加工贸易概述
- 进料加工的会计核算
- 来料加工的会计核算

第一节　加工贸易概述

一、加工贸易的概念和特点

（一）加工贸易的概念

从广义上讲，加工贸易是外国的企业（通常是工业发达国家和新兴工业化国家和地区的企业）以投资的方式把某些生产能力转移到东道国，或者利用东道国已有的生产能力为自己加工、装配产品，然后在东道国境外销售。

从狭义上讲，加工贸易是部分国家对来料或进料加工采取海关保税监管的贸易。

跨越国界的生产加工和销售是加工贸易的显著特点。

（二）加工贸易与一般贸易的关系

与一般贸易相比，加工贸易的货物主要来自国外，其只是在我国进行了加工或装配，是“两头在外，中间在内”的贸易模式，获得的收益实质上只是加工费。而一般贸易的企业，是从生产成本或收购成本与国际市场之间的差价中获得收益。国家对加工贸易进口料件免征关税，免征（对来料加工）或退和缓（对进料加工）进口增值税；而一般贸易的进口要缴纳进口环节税，出口时在征收增值税后退还部分税收。

二、加工贸易的形式

（一）来料加工

来料加工是由境外委托方提供一定的原料、元器件、零部件，加工企业不需要付汇，应根据外商的要求进行加工、装配，且成品交外商销售，加工企业收取加工费的业务。来料加工贸易中，海关对进口材料全额免税，对货物出口免征增值税、消费税，出口货物耗用的国内材料的进项税金不得抵扣，应记入成本。

（二）进料加工

进料加工是指企业用外汇购买进口原料、元器件、零部件和包装材料，经生产加工成成品返销出口收汇的业务。进料加工贸易中，海关对进口材料全额或按比例免税，对货物出口免征消费税，按“免、抵、退”计算退（免）增值税。

进料加工主要有图6-1所示的特征。

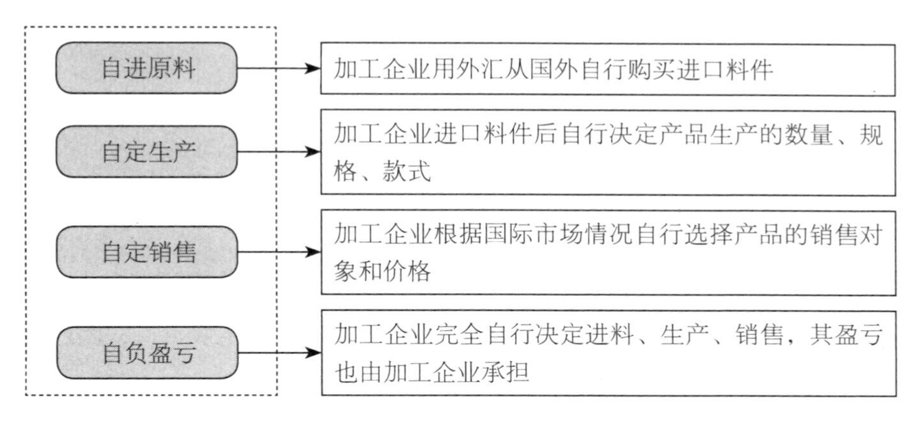

图6-1 进料加工的特征

（三）来料加工与进料加工的关系

1. 来料加工和进料加工的区别

来料加工和进料加工的区别，见表6-1。

表6-1 来料加工和进料加工的区别

项目	来料加工	进料加工
原料的来源及自主性	对方来料，自主性低	付汇进口原料，自主性高
原料进口与成品出口的相关性	相关性高，所有权没有发生转移	无相关性，所有权发生转移
双方关系	委托加工关系	商品买卖关系
利润的体现	体现在加工费上，通过“其他业务收入”或“主营业务收入”核算	体现在销售时的“主营业务收入”与“主营业务成本”的差额
税费的处理	对加工增值部分实行免税，采用的国产料件的进项税金转入成本	对加工增值及采用的国产料件实行“出口退税”或实行“免、抵、退”

2. 来料加工和进料加工的相同点

来料加工和进料加工的相同点如下：

（1）都是利用国内的技术、设备和劳动力。

（2）都属于“两头在外”的加工贸易方式。

（3）将国外提供的原材料、零部件加工、装配成成品。

（4）受我国政府鼓励，享受相似的优惠政策。

（5）进口的料件都可以保税，加工的成品在出口环节都可以免征关税。

三、加工贸易的管理规定

（一）银行保证金台账制度

国家对加工贸易（包括进料加工、来料加工、外商投资企业从事的加工贸易）进口料件实行银行保证金台账制度。

加工贸易进口料件银行保证金台账制度，是指经营加工贸易的单位或企业持商务主管部门批准的加工贸易合同，凭海关核准的手续（即加工贸易企业在海关办理合同登记备案的手续），按合同备案金额向指定银行申请设立保证金台账。加工的成品在规定的期限内全部出口，并经海关核销合同后，由银行核销保证金台账。

1.加工贸易企业设立台账的具体做法

加工贸易企业设立台账的具体做法可分为“实转”和“空转”两种。

（1）“实转”

“实转”是指企业在设立保证金台账时，海关对其加工贸易进口料件收取与应征进口关税及增值税等值的保证金，或由中国银行出具保函；企业在规定时限内加工出口并办理核销后，中国银行凭海关开具的台账核销通知，退还保证金或核销保函，并按活期存款利率给付利息。

“实转”主要针对进口料件属限制类商品的加工贸易企业（免设银行保证金台账的企业除外）和C类加工贸易企业。

（2）“空转”

“空转”是指加工企业凭海关核准的手续向当地中国银行申请设立“加工贸易保证金台账”，加工的成品在规定的期限内出口后，由海关通知银行核销台账，且不征收保证金。而当企业产品超过规定期限未出口时，银行要追缴或从银行结算户中强制划款入库，平时银行只在账面上进行监督。

小提示

目前，中国银行是唯一受权办理加工贸易进口料件银行保证金台账业务的银行。

即时答疑

问：是不是所有的企业都适用银行保证金台账制度？

答： 银行保证金台账制度的具体实施，是与海关对加工贸易企业实行分类管理相适应的，具体规定有：

① 经海关评定适用A类管理的加工贸易企业，符合下列条件的，海关可不对其实行银行保证金台账制度：

a．实行海关派员驻厂监管或主管海关实行计算机联网管理保税工厂的。

b．从事飞机、船舶等特殊行业加工贸易的。

c．企业年进出口总额为3 000万美元及以上，或年加工贸易出口额为1 000万美元以上的。

其他情况下，A类企业实行银行保证金台账“空转”制度。

② 经海关评定适用B类管理的加工贸易企业，除加工限制类商品的以外，应实行银行保证金台账“空转”制度。

③ 经海关评定适用C类管理的加工贸易企业，实行加工贸易银行保证金台账“实转”制度，其向海关办理合同备案时，海关根据其备案料件收取与应征进口关税和进口环节增值税等值的保证金。

④ 经海关评定适用D类管理的加工贸易企业，海关不予办理新的加工贸易合同备案。

⑤ 不纳入加工贸易银行保证金台账管理范围的进口料件管理原则：

a．加工贸易进口辅料品种在规定的78种辅料范围内，且合同金额在5 000美元以下的（含5 000美元）企业，由海关根据出口成品合同，核定辅料单耗用量、免办手册，不纳入银行保证金台账的管理范围，口岸海关凭主管海关核定的合同验放。

b．合同金额超出5 000美元的企业，一律使用手册管理；但合同金额在5 000美元以上10 000美元以下的，不纳入银行保证金台账制度管理。

c．评定为AA类的企业，不受银行保证金台账制度管理。

2.银行保证金台账的开设程序

（1）向海关缴纳税款保证金，或向海关提交中国银行出具的以海关为受益人的税款保付保函，以办理加工合同海关登记备案手续。

（2）中国银行台账业务部门收到海关联系单或保函后，通知企业前来办理有关手续，并凭保函及“银行保证金台账开设联系单”为企业开设台账，出具“银行保证金台账登记通知单”。

（3）企业凭“银行保证金台账登记通知单”、保函正本和一联副本到海关办理有关手续。

（4）企业未能缴纳足额保证金，经中国银行保函授权行评估又不予开具保函的，中国银行台账业务部门不为其开设“实转”台账。

（5）海关开出“银行保证金台账开设联系单”80天后收到“银行保证金台账登记通知单”的，原开具的“银行保证金台账开设联系单”自动失效。

3.银行保证金台账的变更、核销和保证金收退规定

（1）“实转”台账开设需交保证金的，中国银行在核实对应企业无关闭账户、停账待销或逾期未核销台账后，凭海关开出的“银行保证金台账开设联系单”办理保证金收取手续。台账变更时需续存保证金的，中国银行可直接凭“银行保证金台账变更联系单”办理保证金收取手续；台账变更涉及保证金的，只能对保证金做增额处理，不得核减保证金。

（2）合同核销时，海关按规定向银行开具“银行保证金台账核销联系单”，银行通过“密押”核对海关收退的保证金金额与银行“底账”是否相符，如果相符，银行将办理保证金退还手续，并向海关开具“银行保证金台账核销通知单”。

（3）主管海关应指定专人每天与银行核对台账保证金的收退情况，发现不符应及时处理，并于每月初与银行核对上两个月台账开设、变更、核销和保证金收退情况。

即时答疑

问：实行台账保证金“实转”制度时，加工贸易企业以保函形式缴纳进料税款保证金有何规定？

答：① 企业开展加工贸易业务因故无法向海关缴纳税款保证金的，可凭中国银行出具的以海关为受益人的税款保付保函办理海关备案手续。

② 中国银行为企业开设保函时，应对企业资信情况和提供的保证、抵押、质押、留置、定金，以及其他金融机构、其他具有代为清偿能力的法人为其出具的担保等进行评估。经评估符合风险控制要求的，可为其出具以海关为受益人的保函；经评估不符合风险控制要求的，可不予受理。

③ 中国银行保函的担保范围为企业发生欠税时海关需强行扣划该企业应缴纳的税款及缓税利息。经批准内销的加工贸易料件或产品所需缴纳的税款及缓税利息，由企业自行向海关缴纳。

④ 中国银行保函的担保期限为台账核销期满后80天，其中最后20天为海关向中国银行进行索赔预留的操作期。企业在台账核销期满后60天内未能提交或补齐有关单证、办理核销手续的，海关可在上述索赔操作期内向中国银行进行索赔。

4.会计分录

支付和收回银行保证金的会计分录，见表6-2。

表6-2　支付和收回银行保证金的会计分录

序号	业务环节	会计分录
1	“空转”支付手续费时	借：财务费用 　贷：库存现金或银行存款
2	“实转”支付保证金及台账变更需续存保证金时	借：其他货币资金——保证金台账 　贷：银行存款
3	收回保证金及利息时	借：银行存款 　贷：其他货币资金——保证金台账 　　财务费用——利息
4	加工的产品因故不能复出口而转内销补税时	① 经批准内销的保税料件的税款，凭一般征税缴款书且不附带“税款缴纳扣划通知书”的，由企业直接向银行缴纳，不能从台账保证金账户内划转 借：应交税费——应交关税 　　　　　——应交增值税 　贷：银行存款 ② 办理台账保证金转税手续的，中国银行根据企业送交的由海关签发的注有“台账保证金转税专用”和台账编号字样的“海关专用缴款书”，从相应账户把对应该笔台账的保证金划转“中央金库” 借：应交税费——应交关税 　　　　　——应交增值税 　贷：其他货币资金——保证金台账 一般情况下，相应的缓税利息不能从台账保证金账户内划转，由企业直接向银行缴纳 借：财务费用——利息 　贷：银行存款 ③ 超过台账保证金本金部分的税款，由企业另行缴纳 借：应交税费——应交关税 　　　　　——应交增值税 　贷：银行存款

（二）商品分类

按照《国务院办公厅转发国家经贸委等部门关于进一步完善加工贸易银行保证金台账制度意见的通知》的规定，国家对加工贸易商品实施分类管理，海关按不同企业管理级别，分别实施不同的监管方式。

（1）禁止类商品。

（2）限制类商品。

（3）允许类商品。

（三）企业分类

根据《国务院办公厅转发国家经贸委等部门关于进一步完善加工贸易银行保证金台账制度意见的通知》的规定，海关将加工贸易企业分为A、B、C、D四个等级，如图6-2所示。

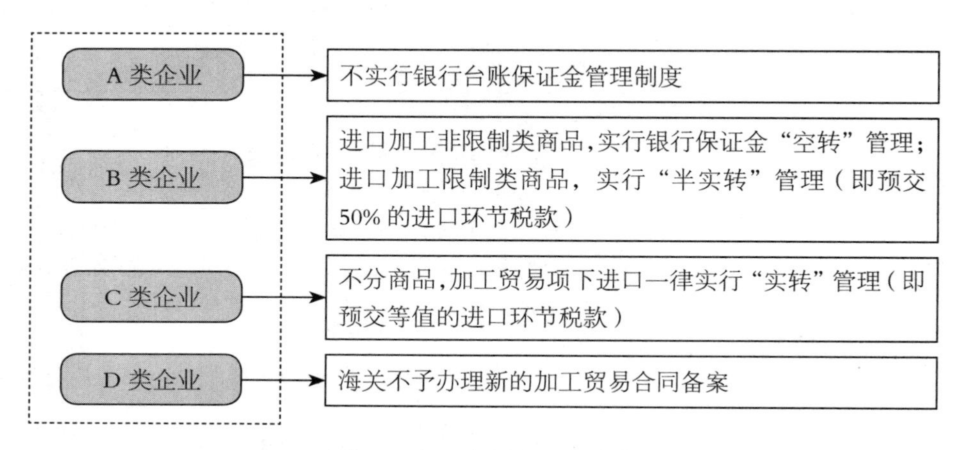

图6-2　加工贸易企业的分类

（四）其他管理规定

（1）国家实行进口关税配额管理的农产品品种，包括天然橡胶、小麦、玉米、大米、豆油、菜籽油、食糖、棉花、羊毛及毛条，无论采取何种贸易方式，均应凭“农产品进口关税配额证”B证办理合同登记备案手续。

（2）涉及易制毒化学品的，应凭国家主管部门的有效许可证件办理合同登记备案手续。

（3）出口的成品属国家出口许可证管理商品的，应提供出口许可证。

（4）其他涉及特殊进口管制的商品，如废料等，应凭国家环保局签发的“废物进口证明书”办理合同登记备案手续。

（5）加工贸易进口料件或制成品因故需转为内销的，企业应在取得外经贸主管部门批准后，向海关申请办理补税报关手续；属国家限制进口商品的，应同时提交相应的许可证件。

四、保税制度

经海关批准未办理纳税手续进境，在境内储存、加工、装配后复运出境的货物称为保税货物。

保税制度是一种国际通行的海关制度，是指经海关批准的境内企业所进口的货物在海关的监管下，在境内指定的场所储存、加工、装配，可免缴、部分免缴、缓缴进口环节税费的一种海关监管业务制度。保税制度是国家利用海关关税的免、减、缓等给予特定进口商品的优惠待遇，是鼓励发展加工、装配贸易的一种措施。

保税制度的实施通常都是针对特定贸易方式（如进料或来料加工贸易）下的特定进口贸易，只有这些货物才能在一定的期限内享受关税的免、减、缓待遇。这些货物被称为保税货物。

目前与我国保税制度相对应的保税监管区主要有两种形式，如图6-3所示。

图6-3　保税监管区的形式

保税的具体形式有：

1.保税仓库

保税仓库是保税制度中应用最广泛的一种形式，是指经海关核准的专门存放保税货物的专用仓库。我国的保税仓库仅限于存放来料加工、进料加工复出口的货物，暂时存放后再复出口的货物，以及经海关批准缓办纳税手续进境的货物。

保税仓库的保税货物一般都是完全保税，即免缴关税，且都有一定的保税期限。

保税仓库中保税货物的存储期为1年，如有特殊情况可以向海关申请延期，但延期最长不超过1年。

2.保税工厂

保税工厂是在海关监管下利用保税进口料件加工生产复出口货物的专门工厂或车间。我国的保税工厂仅限于经海关特准的有进出口经营权的专门为出口生产进行保税加工的企业或承接进口料件加工复出口的生产企业。

保税工厂的保税货物，一般都是有条件的保税，即部分缴纳或缓缴关税，其保税期限因不同产品生产加工复出口时间的不同而异。如果不能如期完成加工，或是生产的货物不能出口，从而卖给了国内市场，就要恢复征税。

3.保税集团

保税集团是指经海关批准，由一个有进出口经营权的企业牵头，联合同行业若干个加工企业共同对进口料件进行多层次、多工序连续加工，直至最终产品出口的企业联合体。集团的组织形式可以是紧密型或半紧密型的，也可以是松散型的，但其成员企业应在同一城市内。

保税集团的形式下，海关对转厂、多层次深加工、多道生产工序的进口料件实行多次保税，具有一次报关、双重功能（加工和储存）、全额保税的优点，从而有利于鼓励和促进深加工出口，扩大出口创汇，提高出口商品的档次，增加外汇收入。

4.保税区（包括自由港）

保税仓库和保税工厂是在“国内”场所向海关申请设立的；而保税区是在国境和关境之间建立起来的，在海关监控管理下进行存放和加工保税货物的特定区域。

保税区具有进出口加工、国际贸易、保税仓储商品展示等功能，享有“免证、免税、保税”政策，并实行“境内关外”的运作方式，是中国对外开放程度最高、运作机制最便捷、政策最优惠的经济区域之一。

从境外进入保税区的货物，其进口关税和进口环节税，除法律、法规另有规定外，执行下列政策：

（1）对区内生产性基础设施建设项目所需的机器、设备和其他基建物资，予以免税。

（2）对区内企业自用的生产、管理设备和自用的合理数量的办公用品及其所需的维修零配件，生产用燃料，建设生产厂房，仓储设施所需的物资、设备，予以免税。

（3）对保税区行政管理机构自用的合理数量的管理设备和办公用品及其所需的维修零配件，予以免税。

（4）对区内企业加工出口产品所需的原材料、零部件、元器件、包装物件，予以保税。

第二节　进料加工的会计核算

一、进料加工的管理规定

进料加工业务中进口的料件免缴进口关税和进口环节的增值税、消费税，成品的出口免缴出口关税。

加工贸易进口料件原则上不实行配额许可证管理，另有规定的除外。

进料加工业务的进口料件属于保税货物，必须专门用于加工出口产品，专料专用、专料专放、专料专账，不能与国产料件混放、调换顶替。未经海关许可，不得将进口料件和加工成品在境内出售、串换。如需转内销，应事先报外经贸委批准，并经海关核准。转内销料件按一般贸易进口管理，应补缴税款和税款利息；进口料件属进口许可证管理的，应补办相关进口许可证。如有擅自内销倒卖、串换顶替、变更合同、不按期核销，以及伪造单证、虚报单耗等违反海关法规行为，海关将依法给予罚款、没收走私货物和违法所得等处罚。对于行为构成走私罪的法人，司法机关将追究其主管人员和直接责任人的刑事责任。

二、进料加工的会计核算

进料加工实际上要经历三个过程，即进口、加工及复出口。在会计核算上，体现为进口过程的核算、加工过程的核算、复出口（也就是自营出口）的核算及出口之后退税的处理。

（一）进口料件业务的会计核算

进口料件的核算与一般进口业务的核算基本相同。

1.报关进口

（1）企业应根据进口合约规定，凭全套进口单证，做如下会计分录：

借：在途物资——进口料件

　贷：应付账款——应付外汇账款/银行存款

（2）支付进口原辅料件的各项国内外直接费用时，做如下会计分录：

借：在途物资——进口料件

　贷：银行存款

2.缴纳进口料件的税金

为加工复出口进口的原辅料件，根据出示的对应出口合同，海关实行减免进口关税及进口增值税制度，即进出口合同需用数量基本一致时，可以免征税或少征税。如无法提供对应合同，则执行按比例征税或全额征税。

核算应纳关税、增值税时，做如下会计分录：

借：在途物资——进口料件

　贷：应交税费——应交进口关税

借：应交税费——应交进口关税

　　　　　　——应交增值税（进项税额）

　贷：银行存款

按税法规定，不需缴纳进口关税和增值税的企业，不做上述会计分录。

3.进口料件入库

进口料件入库后，财务部门应凭储运或业务部门开具的入库单，做如下会计分录：

借：原材料——进口料件

  贷：在途物资——进口料件

实例1

某外贸企业与外商签订进料加工复出口协议，进口面料500米，价值按照银行外汇牌价折算为人民币100 000元。加工成西服出口，出口离岸价折人民币120 000元。

① 根据全套进口单据，做会计分录：

借：商品采购——进口材料　　100 000

  贷：应付账款——应付外汇账款（××外商）　　100 000

② 实际支付货款时，根据银行单据，做会计分录：

借：应付账款——应付外汇账款（××外商）　　100 000

  贷：银行存款　　100 000

借：财务费用（承对手续费或T/T电汇手续费）　　100

  贷：银行存款　　100

③ 因为进料复出口贸易，海关实行减免进口关税及进口增值税制度，本处无须核算税金。在进口过程中发生的费用直接记入“销售费用”即可。

④ 进口材料入库，凭仓储协议和入库单，做会计分录：

借：原材料——进口材料　　100 000

  贷：商品采购——进口材料　　100 000

（二）进口料件加工的会计核算

进料加工贸易的加工环节主要有委托加工、作价加工两种方式，在会计核算上应分两种情况区别对待。

1.委托加工方式

委托加工是外贸企业以进料加工贸易方式将国外进口的料件无偿调拨给加工企业进行加工，加工收回后只付加工费，待货物复出口后，凭加工费的增值税专用发票、报关单等规定的资料办理退税。

（1）购入进口料件入库

借：库存商品——进口料件

  应交税费——应交增值税（进项税额）

贷：银行存款

（2）发出进口料件，根据加工协议和出库凭单，做如下分录

借：委托加工物资——出口商品

贷：库存商品——进口料件

（3）凭加工企业加工费专用发票，做如下分录

借：委托加工物资——出口商品

应交税费——应交增值税（进项税额）

贷：银行存款

（4）加工成品入库的核算

由仓库提供入库单据，交财务部门进行核算：

借：库存商品——库存出口商品

贷：委托加工物资——出口商品

（5）货物出口后申报退税的核算。同时，计提出口退税和结转成本

借：应交税费——应交增值税（出口退税）

主营业务成本——出口商品

贷：应交税费——应交增值税（进项税额转出）

借：其他应收款——应收出口退税（增值税）

贷：应交税费——应交增值税（出口退税）

（6）收到出口退税款的核算

借：银行存款

贷：其他应收款——应收出口退税（增值税）

（7）月末结转科目余额

借：应交税费——应交增值税（进项税额转出）

贷：应交税费——应交增值税（进项税额）

实例2

2021年7月，深圳某进出口公司（外贸）购入一批服装面料，委托某加工企业加工服装，收回后用于出口。

购入服装面料取得增值税专用发票，计税金额为100 000元，税额13 000元，取得加工费的增值税专用发票，金额为50 000元，税额6 500元。假设服装加工费的出

口退税率为11%，服装面料的退税率为10%，增值税税率为13%。

加工费应退税额=50 000×11%=5 500（元）

服装面料应退税额=100 000×10%=10 000（元）

该公司应退税额=5 500+10 000=15 500（元）

按照加工费和原料分别计算增值税征税率和退税率之差，将其转入主营业务成本。则：

加工费结转成本税额=购进货物计税价格 × 征退税率之差=50000×（13%−11%）=1 000（元）

服装面料结转成本税额=购进货物计税价格 × 征退税率之差=100000×（13%−10%）=3 000（元）

本月总计转成本税额=1 000+3 000=4 000（元）

（1）购入面料入库

借：库存商品——服装面料　　100 000

　　应交税费——应交增值税（进项税额）　　13 000

　贷：银行存款　　113 000

（2）发出服装面料，根据加工协议和出库凭单，做如下分录

借：委托加工物资——出口服装　　100 000

　贷：库存商品——服装面料　　100 000

（3）凭加工企业加工费专用发票，做如下分录

借：委托加工物资——出口服装　　50 000

　　应交税费——应交增值税（进项税额）　　6 500

　贷：银行存款　　56 500

（4）加工成品入库的核算

由仓库提供入库单据，交财务部门进行核算。

借：库存商品——库存出口商品（服装）　　150 000（100 000+50 000）

　贷：委托加工物资——出口服装　　150 000

（5）货物出口后申报退税的核算。同时，计提出口退税和结转成本

借：应交税费——应交增值税（出口退税）　　15 500

　　主营业务成本——出口商品（男士服装）　　4 000

　贷：应交税费——应交增值税（进项税额转出——服装面料）　　13 000

　　　应交税费——应交增值税（进项税额转出——加工费）　　6 500

借：其他应收款——应收出口退税（增值税） 15 500
　贷：应交税费——应交增值税（出口退税） 15 500

（6）收到出口退税款的核算

借：银行存款 15 500
　贷：其他应收款——应收出口退税（增值税） 15 500

（7）月末结转科目余额

借：应交税费——应交增值税（进项税额转出——服装面料） 13 000
　　应交税费——应交增值税（进项税额转出——加工费） 6 500
　贷：应交税费——应交增值税（进项税额） 19 500

2.作价加工

作价加工是外贸企业将进料加工贸易方式下从国外进口的料件作价给加工企业进行生产加工，然后在货物收回后付款，复出口后凭货物的增值税专用发票、报关单等规定的资料申报退税。

企业应根据签订的加工合同，按实际进料成本作价给加工企业，并凭储运或业务部门开具的出库凭证、增值税发票和加工企业开具的收据，做销售处理，假设按不加价拨料，无差价。

（1）作价销售的核算

借：应收账款——××加工企业（或银行存款）
　贷：其他业务收入——进料作价销售
　　　应交税费——应交增值税（销项税额）

（2）结转成本的核算

借：其他业务成本——进料作价销售
　贷：原材料

（3）加工完成后，根据取得的入库单及加工企业的增值税发票，从该加工企业收回成品

借：库存商品——库存出口商品
　　应交税费——应交增值税（进项税额）
　贷：应收账款——××加工厂（或银行存款）

（4）成品复出口销售的核算

出口交单时：

借：应收账款——××外商（或银行存款）

　贷：主营业务收入——自营出口销售

借：主营业务成本——自营出口销售

　贷：库存商品——库存出口商品

（5）申报作价方式收回产品出口退税的核算

按出口货物成本价乘以征退税率之差，做以下会计分录：

借：主营业务成本——自营出口销售

　贷：应交税费——应交增值税（进项税额转出）

按出口货物成本价乘以退税率，做以下会计分录：

借：其他应收款——应收出口退税（增值税）

　贷：应交税费——应交增值税（出口退税）

退税机关根据企业“进料加工贸易申报表”，将准予扣除的税额在办理退税时从退税额中抵扣，做以下会计分录：

借：银行存款

　贷：其他应收款——应收出口退税（增值税）

（6）月末结转科目余额

借：应交税费——应交增值税（进项税额转出）

　贷：应交税费——应交增值税（进项税额）

实例3

根据前例，将进口的原料按实际进料成本作价给加工企业，应提供销售合同及加工合同，开具增值税发票，并由相关部门开具出库单，一并交财务部门进行核算。

（1）作价销售的核算

进口料件作价销售后，到税务部门办理“进料加工贸易申请表”。

借：应收账款——某加工企业　113 000

　贷：其他业务收入——进料作价销售　100 000

　　　应交税费——应交增值税（销项税额）　13 000

（2）结转成本的核算

借：其他业务成本——进料作价销售　100 000

贷：原材料——进口材料　　100 000

（3）按价税合计124 300 元从该加工厂收回成品，并取得入库单及加工企业的增值税发票，做会计分录

借：库存商品——库存出口商品　　110 000

应交税费——应交增值税（进项税额）　　14 300

贷：应收账款——某加工企业　　124 300

（4）成品出口的核算

计算销售收入120 000元，核算成本。

借：主营业务成本——自营出口销售　　110 000

贷：库存商品——库存出口商品　　110 000

借：应收账款——应收外汇账款　　120 000

贷：主营业务收入——自营出口销售　　120 000

（5）申报作价方式收回产品出口退税的核算，并结转成本

110 000×（13%−10%）=3 300

110 000×10%=11 000

借：主营业务成本——自营出口销售　　3 300

贷：应交税费——应交增值税（进项税额转出）　　3 300

借：其他应收款——应收出口退税（增值税）　　11 000

贷：应交税费——应交增值税（出口退税）　　11 000

退税机关根据企业“进料加工贸易申报表”，将准予扣除的税额在办理退税时从退税额中抵扣。

借：银行存款　　11 000

贷：其他应收款——应收出口退税（增值税）　　11 000

（6）月末结转科目余额

借：应交税费——应交增值税（进项税额转出）　　3 300

贷：应交税费——应交增值税（进项税额）　　3 300

3.工艺损耗的处理

经海关批准，进料加工贸易可以有合理的工艺损耗。企业向海关补缴了进口增值税费，应根据税单做如下会计分录：

借：应交税费——应交增值税（进项税额）

贷：银行存款

第三节　来料加工的会计核算

来料加工是指合作外方不作价提供设备、原料、辅料和包装物等，由国内企业加工、装配成成品后由国外厂商负责销售，国内企业按合同规定收取工缴费的一种贸易方式。

一、来料加工的特点与方式

（一）来料加工的特点

来料加工的特点，如图6-4所示。

特点一	来料加工进口的设备、材料等不动用外汇，国内企业不需要付款
特点二	来料加工进口的设备、材料属保税货物，由海关监管
特点三	来料加工进口的设备、材料等的所有权属外方，国内企业对其除进行加工生产外，无处置权
特点四	进口与出口有密切的内在联系，外方是料件的供应人，又是成品的接受人。进口与出口是连在一起的交易，其合同不是买卖合同而是加工合同
特点五	中外方是委托加工关系，其交易由外方承担盈亏责任，中方对盈亏不负责

图6-4　来料加工的特点

（二）来料加工的方式

按照对外签订合同和应承担责任的不同，来料加工业务分两种经营方式，自营和代理，如图6-5所示。

二、来料加工的税收政策

从事来料加工、来件装配业务的企业，凭“来料加工贸易免税证明”可以享受以下税收优惠政策：

（1）来料加工、来件装配的进口料件免税。

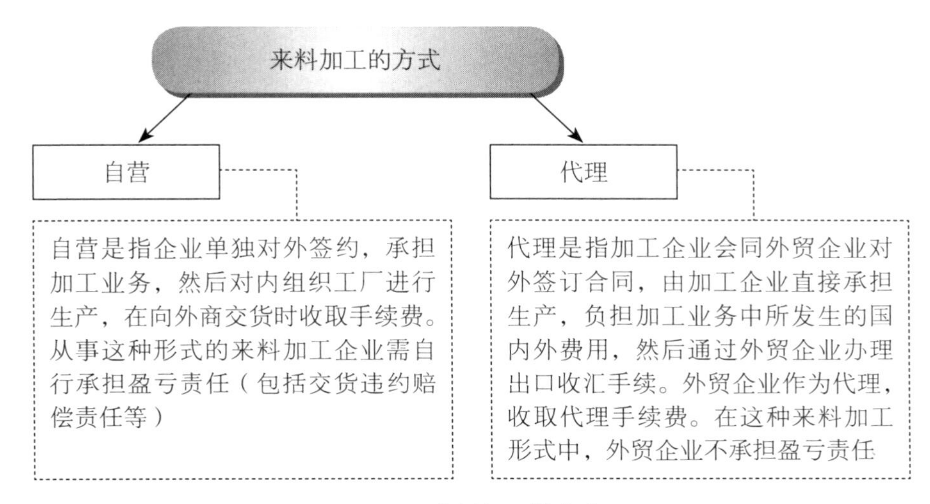

图6-5　来料加工的方式

（2）来料加工、来件装配后的出口货物免征增值税、消费税。

（3）来料加工企业取得的工缴费收入免征增值税、消费税。

（4）来料加工过程中耗用的国内原辅材料所支付的进项税额不得抵扣，要转入来料加工生产成本，其所耗用的国内原辅材料的已征税款也不予退还。

三、来料加工的会计处理

（一）代理业务形式

外商提供一切不计价的原辅料、包装材料等，然后通过外贸公司交工厂加工成成品，外贸公司和工厂同时向对方计收工缴费。

在这种方式下，外贸公司不是主体，材料不对外作价，全在“表外”处理。出口阶段，要按代理方式入账。

（1）外贸公司收到外商不计价原辅材料时，应凭业务或储运部门开具的加盖“来料加工”戳记的入库单，连同外商交来的进口单证，通过备查账簿在表外借记“外商来料”科目，核算数量。

（2）将外商来料拨给加工厂时，应凭储运及业务部门开具的加盖“来料加工”戳记的出库单，及加工厂开具的收据，不计价地通过备查账簿在表外借记“拨出来料”的数量，贷记“外商来料”的数量。

（3）加工厂交来产品时，应按合约规定的耗用原料定额验收入库，并凭业务或储运部门开具的盖有“来料加工”戳记的入库单，通过备查账簿借记“代管物资”的数量，贷记“拨出来料”的数量。

（4）办理对外出口托运时，应凭业务或储运部门开具的盖有“来料加工”戳记的出库单，通过备查账簿贷记“代管物资”。

（5）收到业务或储运部门交来的产品已出运的有关出库单证及向银行交单的联系单时，应根据出口发票做如下会计分录：

借：应收账款——××外商

　贷：应付账款——××加工厂

（6）支付国外运保费，凭有关单据及银行购汇水单冲减销售收入。

借：其他业务收入——加工补偿

　贷：银行存款

（7）代加工厂支付各项国内费用，凭有关单据做如下会计分录：

借：应付账款——××加工厂

　贷：银行存款

（8）收到加工工缴费的外汇时，凭银行水单做如下会计分录（汇兑差额如果由加工厂承担，则将差额计入“应付账款——××加工厂”；如果由外贸企业承担，则计入“财务费用——汇兑差额”）：

借：银行存款

　　应付账款——××加工厂（或财务费用——汇兑损益）

　贷：应收账款——××外商

（9）与加工厂结算并收取加工厂手续费。

借：应付账款——××加工厂

　贷：其他业务收入——加工补偿（手续费）

　　　银行存款

（10）缴纳有关税费。

借：营业税金及附加（或其他业务成本）

　贷：应交税费——应交增值税（等）

即时答疑

问：外商的结余原材料怎么核算？

答：外贸公司和工厂都应加强对来料加工原料的核算和管理，全面掌握合约规定的定额及原料的实际耗用情况。对合约规定履约后应属外商的结余原材料，我方一律不予收购，应先通过备查账簿借记“外商来料”，归还外商时贷记“外商来料”。如果合约规定节余原料归加工厂，应由加工厂自行处理，并向海关办理申报补税或核销手续。对于因改善经营、提高技术而节约的原材料，可向海关申请免交关税。

实例4

某外贸公司某年7月执行已签订的氧化钼来料加工合同。A公司提供氧化钼原料10吨，由B工厂加工成钼铁后，出口德国。氧化钼按合同规定作价100 000美元，钼铁外销价120 000美元。该公司支付钼铁国外运保费1 000美元，国内运杂费50 000元人民币，按出口货值的3%收取手续费。当月1日美元汇价为：卖出价6.4元/美元，买入价6.3元/美元，中间价6.35元/美元。

① 外商来料时，根据海关进口单证做账务处理为：

借：原材料——A公司（氧化钼）　　640 000

　贷：应付账款——应付外汇账款（A公司）　　640 000

如果外商来料不计价，在表外科目记为：

借：外商来料——A公司（氧化钼）　　10吨

　贷：拨出来料——A公司（氧化钼）　　10吨

② 拨料给工厂加工时，根据出库单做账务处理为：

借：应收账款——B工厂　　640 000

　贷：原材料——A公司（氧化钼）　　640 000

如果外商来料不计价时，在表外科目记为：

借：拨出来料——B工厂（氧化钼）　　10吨

　贷：外商来料——A公司（氧化钼）　　10吨

③ B工厂交来产成品时，按合同约定的钼铁价款，做账务处理为：

借：库存商品——库存出口商品——（钼铁）　　1 402 000

　贷：应收账款——B工厂（耗用原材料成本）　　640 000

　　　应付账款——B工厂（加工费）　　762 000

（762 000=120 000×6.35，采用中间价结算）

如果外商来料不计价时，在表外科目记为：

借：代管物资——A公司（钼铁）　　10吨

贷：拨出来料——B 工厂（氧化钼）　　10 吨

④ 加工的产成品出运后向银行交单结汇时，账务处理为：

借：应收账款——应收外汇账款（加工补偿）　　762 000

（A 公司抵原材料款）　　640 000

贷：其他业务收入——加工补偿（钼铁出口货款）　　1 402 000

同时结转销售成本：

借：其他业务成本——加工补偿（钼铁）　　1 402 000

贷：库存商品——库存出口商品——（钼铁）　　1 402 000

如果外商来料不计价时，在表外科目的处理与上例相同。

⑤ 向银行交单结汇时，先在账外登记，收妥结汇后，办理手续费收入，账务处理如下：

借：银行存款　　22 680

其他业务成本——B 工厂（钼铁）　　756 000

贷：其他业务收入——加工补偿（钼铁）　　778 680

（22 680=120 000×6.3×3%，756 000=120 000×6.3）

⑥ 收到加工产成品的加工费，凭银行结汇单做账务处理如下：

借：银行存款　　756 000

应付账款——B 工厂　　6 000

贷：应收账款——应收外汇账款（加工补偿）　　762 000

⑦ 外贸公司代加工厂支付国外运保费时，凭有关单据及银行购汇水单冲减收入，账务处理如下：

借：其他业务收入——加工补偿（钼铁）　　6 400（红字）

贷：银行存款　　6 400（红字）

同时调整成本：

借：其他业务成本——加工补偿（钼铁）　　6 400（红字）

贷：应付账款——B 工厂　　6 400（红字）

⑧ 外贸公司代加工厂支付国内运杂费时，账务处理如下：

借：应付账款——B 工厂　　50 000

贷：银行存款　　50 000

⑨ 外贸公司与加工厂结算，收取手续费，将应付工厂的加工费划拨给工厂后，账务处理为：

借：应付账款——B 工厂　　699 600

贷：其他业务收入——加工补偿（钼铁手续费）　　22 680
　　银行存款　　676 920
（699 600=762 000−6 000−6 400−50 000，22 680=120 000×6.3×3%）

从上述账务处理过程可见，对于代理性质的加工补偿业务，外贸企业通过“其他业务收入”和“其他业务成本”核算商品的流转额。

（二）自营业务形式

1.外贸企业自属加工厂加工

外商提供一切不计价的原材料、辅料、包装材料等，由外贸企业自属加工厂加工，并对外收取工缴费。

（1）外商来料，借记“外商来料”表外科目。

（2）投料生产，借记“拨出来料”表外科目，贷记“外商来料”表外科目。

（3）支付工缴费时：

借：委托加工物资
　贷：银行存款

（4）完工时：

借：库存商品
　贷：委托加工物资

（5）产品出口通过外贸公司交单结汇，银行收妥结汇时，贷记“拨出来料”表外科目，同时：

借：应收账款（或银行存款）
　贷：其他业务收入

结转销售成本时：

借：其他业务成本
　贷：库存商品

2.委托加工厂加工

以外商来料作价的情况为例。

（1）收到外商来料时：

借：原材料
　贷：应付账款——××外商

（2）发给加工厂时：

借：委托加工物资

贷：原材料

借：委托加工物资

贷：应付账款——××加工厂（加工费部分）

（3）加工厂加工完成，交来成品时：

借：库存商品

贷：委托加工物资

（4）发运及交单时：

借：应收账款——××外商

贷：其他业务收入

借：其他业务成本

贷：库存商品

3.作价给加工厂加工

以外商来料作价的情况为例。

（1）收到外商来料时：

借：原材料

贷：应付账款——××外商

（2）将来料发给加工厂：

借：应收账款——××加工厂（或银行存款）

贷：其他业务收入

借：其他业务成本

贷：原材料

（3）加工厂加工完成，交来成品时：

借：库存商品

贷：应付账款——××加工厂（或银行存款）

（4）发运及出口交单时：

借：应收账款——××外商

贷：其他业务收入

借：其他业务成本

贷：库存商品

某外贸公司某年7月执行已签订的氧化钼来料加工合同。A公司提供氧化钼原料10吨，由B工厂加工成钼铁后，出口德国。氧化钼按合同规定作价100 000美元，钼铁外销价120 000美元。该公司支付钼铁国外运保费1 000美元，国内运杂费50 000元人民币，按出口货值的3%收取手续费。当月1日美元汇价为：卖出价6.4元/美元，买入价6.3元/美元，中间价6.35元/美元。

① A公司来料时，根据海关进口单证做账务处理为：

借：原材料——A公司（氧化钼） 640 000

贷：应付账款——应付外汇账款（A公司） 640 000

如外商来料不计价时，账务处理是记入表外科目。

借：外商来料——A公司（氧化钼） 10吨

贷：拨出来料——A公司（氧化钼） 10吨

② 拨料给B工厂进行加工时，分两种情况进行账务处理。

第一种情况，委托加工方式。

委托加工下的自营加工补偿贸易是指进出口企业与外商签订加工补偿合同后，将对外作价引进的原材料、零部件等拨交给国内工厂加工时对内不作价；支付加工费收回产成品后，再将产成品出口，向外商收取加工费的一种加工补偿业务，其账务处理方法如下：

借：委托加工物资——B工厂（氧化钼） 640 000

贷：原材料——A公司（氧化钼） 640 000

第二种情况，作价加工方式。

作价加工下的自营加工补偿贸易是指进出口企业将对外作价引进的原材料、零部件等拨交给国内工厂加工时，对内作价结算；收回产成品时再作价支付价款，相当于"卖材料、买成品"的加工补偿业务，其账务处理方法如下：

借：银行存款 640 000

贷：其他业务收入——作价加工（氧化钼） 640 000

同时结转成本：

借：其他业务成本——作价加工（氧化钼） 640 000

贷：原材料——A公司（氧化钼） 640 000

无论采取哪种方式，如果外商来料不计价时，账务处理都是记入表外科目：

借：拨出来料——B工厂（氧化钼） 10吨

贷：外商来料——A公司（氧化钼） 10吨

③ 加工厂交来产成品时，也分两种情况进行账务处理。

第一种情况，委托加工方式（假若委托加工合同中约定加工费200 000元）。

借：库存商品——库存出口商品（钼铁）　840 000

贷：委托加工物资——B工厂（氧化钼）　640 000

应付账款——B工厂　200 000

第二种情况，作价加工方式。

借：库存商品——库存出口商品（钼铁）　1 402 000

贷：应付账款——B工厂　1 402 000

无论采取哪种方式，如外商来料不计价时，账务处理都是记入表外科目：

借：代管物资——A公司（钼铁）　10吨

贷：拨出来料——B工厂（氧化钼）　10吨

④ 加工产成品出运后向银行交单结汇时，账务处理方法是：

借：应收账款——应收外汇账款（加工补偿）　762 000

应付账款——应付外汇账款（A公司）　640 000

贷：其他业务收入——加工补偿（钼铁）　1 402 000

同时结转成本：

借：其他业务成本——加工补偿（钼铁）　1 402 000

贷：库存商品——库存出口商品（钼铁）　1 402 000

⑤ 收妥结汇时，凭银行结汇单做如下账务处理：

借：银行存款　756 000

财务费用——汇兑损益　6 000

贷：应收账款——应收外汇账款（加工补偿）　762 000

⑥ 支付国外运保费时，凭有关单据及银行购汇水单冲减收入，账务处理方法为：

借：银行存款　6 400（红字）

贷：其他业务收入——加工补偿（钼铁）　6 400（红字）

⑦ 支付国内运杂费时，账务处理为：

借：其他业务成本——加工补偿（钼铁）　50 000

贷：银行存款　50 000

⑧ 外贸公司与加工厂结算，也分两种情况进行账务处理。

第一种情况，委托加工方式。

借：应付账款——B工厂　200 000

贷：银行存款　200 000

第二种情况，作价加工方式。

借：应付账款——B工厂　840 000

贷：银行存款　840 000

07

第七章

其他进出口业务的会计核算

【本章要点】

- 易货贸易的会计核算
- 技术进出口的会计核算
- 样展品的会计核算

第一节　易货贸易的会计核算

易货贸易，是指由贸易双方订立易货贸易合同或协议，规定在一定期限内，用一种或几种出口商品交换另一种或几种进口商品的业务。易货贸易是在换货的基础上，把等值的出口货物和进口货物直接结合起来的贸易方式。

一、易货贸易的形式

（一）直接易货

直接易货又称为一般易货。从严格的法律意义上来说，易货就是指以货换货。这种直接易货形式，往往要求进口和出口同时成交，一笔交易一般只签订一个包括双方交付、相互抵偿货物的合同，而且不涉及第三方。

（二）综合易货

综合易货多指两国之间根据记账或支付（清算）协定而进行的交易。两国政府根据签订的支付协定，在双方银行互设账户，双方政府各自提出的在一定时期（通常为一年）提供给对方的商品种类、进出口金额基本相等，经双方协商同意后签订易货协定书，然后根据协定书的有关规定，由各自的对外贸易专业公司签订具体的进出口合同，分别交货。

二、易货贸易的结算方式

易货贸易业务由贸易双方事先在合同中规定计价和结算的货币币种，货款可采取逐笔平衡或分别结算，一般以对开信用证或记账的方式进行结算，如图 7-1 所示。

三、易货贸易的核算要求

易货贸易的核算要求，如图 7-2 所示。

对开信用证结算	记账结算
指贸易双方各自开立以对方为受益人、金额相等或基本上相等的信用证，并在信用证内规定，收到对方开立的金额相等或基本上相等的信用证时才能生效的结算方式	指由贸易双方银行互设清算账户记账，双方在出口商品发运后将全套结算单据送交本国银行，由双方银行记账；同时，贸易双方也应相应设立外汇结算专户记账，互相冲抵，并在规定的期限内进行平衡结算。采用这种结算方式，如出现差额，由逆差方以现汇或商品补差

图7-1　易货贸易的结算方式

要求一	易货贸易的进口和出口是一个统一的整体，是在进出平衡的前提下，企业组织的商品进口和出口业务
要求二	易货贸易的出口视同自营出口业务，其出口销售的确立及申请退还增值税的核算与自营出口业务相同
要求三	易货贸易的进口销售，以开出进口货款结算单、增值税发票向国内用户办理货款结算，作为商品销售成立的确认条件
要求四	易货贸易进口商品向国内用户销售的作价原则是：属于国家定价的商品，按照国家定价执行；属于国家指导价格的商品，按国家指导价作价；属于市场议价的商品，按市场供求关系，由企业与用户协商作价
要求五	为真实反映易货业务的盈亏，会计期末应根据易货贸易合同执行的结果，确认顺差和逆差程度，并按顺差占出口的比例或逆差占进口的比例计算相应的挂账损益，作为递延收益，其余部分计入当期损益

图7-2　易货贸易的核算要求

四、易货贸易的会计核算

（一）易货贸易出口业务的核算

外贸企业经营易货贸易出口业务，应根据易货贸易合同或协议的规定采购出口商品。其商品验收入库、出口商品出库发运、向银行办理交单收汇、支付国内外直接费用、向税务部门申请退税和取得收汇通知或结汇水单等业务的核算方法与自营出口销售业务基本相同，但销售收入和销售成本是通过“自营其他业务收入”账户和“自营其他业务成本”账户核算的。

1. 自营其他业务收入

“自营其他业务收入”是损益类账户，用以核算企业自营加工补偿出口商品的销售收入和易货贸易进出口商品的销售收入。企业取得自营加工补偿出口商品销售收入和易货贸易进出口商品销售收入时，记入贷方；发生销货退回，以及期末转入本年利润账户时，记入借方。

2. 自营其他业务成本

“自营其他业务成本”是损益类账户，用以核算企业自营加工补偿出口商品的销售成本和易货贸易进出口商品的销售成本。企业结转自营加工补偿出口商品销售成本和易货贸易进出口商品销售成本时，记入借方；发生销货退回转销销售成本以及期末转入本年利润账户时，记入贷方。

某进出口公司与美国A钢材公司签订易货贸易合同，合同规定我方出口2500辆自行车，每辆24美元CIF价格，货款60 000美元；我方进口钢材200吨，每吨300美元CIF价格，货款60 000美元。采取对开信用证结算方式。

① 7月1日，向上海自行车厂购进自行车2 500辆，每辆120元，货款共计300 000元，增值税额39 000元，款项签发转账支票付讫。

借：商品采购　　300 000
　　应交税费——应交增值税（进项税额）　　39 000
　贷：银行存款　　339 000

② 7月2日，上述自行车已验收入库，做分录如下：

借：库存商品——出口商品　　300 000
　贷：商品采购　　300 000

③ 7月3日，上述自行车已出库装船，做分录如下：

借：待运和发出商品　　300 000
　贷：库存商品——库存出口商品　　300 000

④ 7月4日，收到业务部门转来的易货贸易销售自行车的发票副本和银行回单，开列自行车2 500辆，每辆24美元CIF价格，当日美元汇率买入价为6.25元，做分录如下：

借：应付账款——应收外汇账款（US ＄2 500×24×6.25）　　375 000
　贷：自营其他业务收入——易货贸易　　375 000

⑤ 7月4日，同时结转易货贸易销售自行车的成本，做分录如下：

借：自营其他业务成本——易货贸易　　300 000
　贷：待运和发出商品　　300 000

⑥ 7月5日，支付易货贸易国外运费1 068美元，保险费132美元，当日美元汇率卖出价为6.30元，做分录如下：

借：自营其他业务成本——易货贸易　　7 560

　贷：银行存款　　7 560

⑦ 7月10日，向税务机关申报退税，假设增值税退税率为10%，做分录如下：

借：其他应收款——应收出口退税　　30 000

　贷：应交税费——应交增值税（出口退税）　　30 000

⑧ 7月20日，收到银行转来结汇水单，60 000美元收妥结汇，银行扣除80美元收汇手续费，其余部分已按当日买入价6.25元结汇，做分录如下：

借：银行存款　　374 500

　　财务费用　　500

　贷：应收账款——应收外汇账款（US ＄60 000×6.25）　　375 000

（二）易货贸易进口业务的核算

外贸企业收到银行转来的外商全套结算单据时，与易货贸易合同或协议核对无误后，支付货款；在商品运达我国口岸后，申报进口关税、消费税和增值税，并按事先签订的合同将进口商品销售给国内客户。其核算方法与自营进口业务基本相同，销售收入和销售成本也是通过“自营其他业务收入”账户和“自营其他业务成本”账户核算的。

实例2

接前例，收到易货贸易美国A钢材公司发来钢材的业务如下：

① 7月21日，收到银行转来的美国A钢材公司全套的结算单据，开列钢材200吨，每吨300美元CIF价格，货款共计60 000美元，审核无误，购汇予以支付，当日美元汇率卖出价为6.30元，做分录如下：

借：商品采购——A钢材　　378 000

　贷：银行存款　　378 000

② 7月30日，钢材运达我国口岸，申报应纳进口关税额11 824元，计算出应纳增值税额50 677.12元，做分录如下：

借：商品采购——A钢材　11 824

贷：应交税费——应交进口关税　11 824

③ 7月31日，钢材已全部售给F工厂，收到业务部门转来增值税专用发票，列明钢材200吨，每吨2 850元，计货款570 000元，增值税额74 100元，已收到转账支票，存入银行，做分录如下：

借：银行存款　644 100

贷：自营其他业务收入——易货贸易　570 000

应交税费——应交增值税（销项税额）　74 100

④ 7月31日，同时结转钢材销售成本，做分录如下：

借：自营其他业务成本——易货贸易　389 824

贷：商品采购——A钢材　389 824

⑤ 8月2日，以银行存款支付进口钢材关税和增值税，做分录如下：

借：应交税费——应交进口关税　11 824

——应交增值税（进项税额）　50 677.12

贷：银行存款　62 501.12

第二节　技术进出口的会计核算

技术进出口，是指从中华人民共和国境外向中华人民共和国境内，或者从中华人民共和国境内向中华人民共和国境外，通过贸易、投资或者经济技术合作的方式转移技术的行为。

一、技术进出口概述

（一）与一般货物进出口的区别

（1）技术进出口的交易对象是特殊的商品，即无形的知识，或称“知识产品”；而货物进出口指的是有形的物质产品，具有明显可见的形状，可以计量。

（2）转让权限不同。技术进出口转让的只是技术的使用权，而货物进出口的标的一经售出，卖方就失去了商品的所有权。

（3）受法律调整和政府管制程度不同。

（二）技术进出口业务的方式

技术进出口业务中涉及的多是专利权及非专利技术。

技术进出口业务的方式很多，主要有技术许可、特许专营、技术咨询服务、合作生产、承包工程、合资经营、合作经营，以及含有工业产权或专用技术转让的设备买卖。

1.技术许可——所有权人转让资产使用权

技术许可是技术转让交易中使用最广泛和最普遍的一种贸易方式。专利权所有人、商标所有人或专有技术所有人作为许可方向被许可方授予某项权利，允许其使用许可方拥有的技术实施、制造、销售该技术项下的产品，并要求被许可方支付一定数额的报酬。

许可贸易有三种基本类型：专利许可、商标许可和专有技术转让（许可）。

2.特许专营——经营者转让经验或方法

特许专营是指一家已经取得成功经验的企业，将其商标、商号名称、服务标志、专利、专有技术以及经营管理的方法或经验转让给另一家企业，后者有权使用前者的商标、商号名称、专利、服务标志、专有技术及经营管理经验，但必须向前者支付一定金额的特许费。

特许专营的形式一般有产品专销、服务专营和商品格式专营。

3.技术咨询服务

技术咨询服务是技术供方或服务方受另一方委托，通过签订技术服务合同，为委托方提供技术服务，完成某项任务，并要求委托方支付一定的技术服务费。

咨询费一般可以按工作量计算，也可采用技术课题包干定价。一般所付的咨询费相当于项目总投资的5%左右。

4.承包工程

承包工程又称“交钥匙”工程，是供方为建成整个工厂或自成体系的整个车间向受方提供全部设备、技术、经营管理方法，包括工程项目的设计、施工、设备的提供与安装、受方人员的培训、试车，相当于直接把一座能够开工生产的工厂或车间交给受方。

承包工程的特点有：与技术直接关联，大部分是新工艺、新技术；内容复杂，包括工程设计、土建施工、提供机器设备、施工安装、原材料供应、提供技术、人员培训、投产试车、质量管理等全部过程；涉及商品、技术、劳务的进出口，是一种综合性的贸易活动。

二、我国技术进出口管理

国家主管部门对技术进出口实行统一管理，采取三种技术、两类合同、登记加审批制度，如图7-3所示。

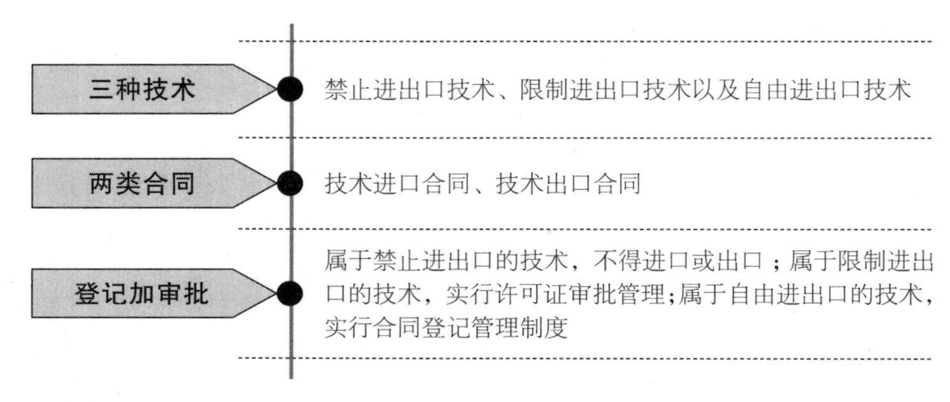

图7-3　我国技术进出口管理制度

三、避免双重征税所采用的方法

企业取得技术进出口合同许可证或技术合同进口登记证后，应办理税务、外汇、银行、海关等登记手续。技术进口企业凭上述许可证或登记证及技术合同副本向主管税务机关办理增值税及预提所得税的纳税申报，按对外支付金额的6%缴纳增值税，并按扣除增值税后的10%缴纳预提所得税。凭已缴纳税款凭证向主管税务部门取得完税凭证，该完税凭证交技术出口方，可作为技术进口企业本国抵免所得税的凭证。

四、技术进口的账务处理

技术进口业务一般通过“无形资产”会计科目进行核算，并按无形资产的类别设置明细账。

（一）技术进口的成本

1.外购技术的成本

外购技术的成本包括购买价款、相关税费以及直接归属于使该项资产达到预定用途所发生的其他支出。

其中，直接归属于使该项资产达到预定用途所发生的其他支出，包括达到预定用途所发生的专业服务费用、测试费用等；购买价款超过正常信用条件延期支付价款的，应按购买价款的现值计量成本，现值与应付价款之间的差额确认为融资费用，在付款期间内按照实际利率法确认利息费用。

在国际技术贸易中，使用费支付方式主要有总付和提成支付两种，如图7-4所示。

总付	提成支付
总付是指在签订合同时，许可方与被许可方谈妥一笔固定的金额，然后在合同生效后，由被许可方按合同约定，一次或分期支付的方法	提成支付是指在签订合同时，当事人双方确定一个提取使用费的百分比，待被许可方利用技术开始生产并取得经济效果（产量、销售额、利润等）之后，以经济效果为基础，定期连续提取使用费的方法。在提成支付条件下，如果技术进口的价值不能确定，则不能将该技术作为无形资产进行会计核算

图7-4　使用费支付方式

具体的账务处理要求，见表7-1。

表7-1　具体的账务处理要求

序号	业务环节	会计分录
1	预提应纳所得税及增值税	借：应交税费——应交增值税 　　　　　　——应交预提所得税 　贷：银行存款
2	按合同金额记入无形资产成本	借：无形资产 　贷：应付账款——应付国外账款（进口某项技术） 同时结转代扣税金： 借：应付账款——应付国外账款（进口某项技术） 　贷：应交税费——应交增值税 　　　　　　——应交预提所得税
3	支付扣税后的净价款	借：应付账款——应付国外账款（进口某项技术） 　贷：银行存款

我国甲企业以100万美元从A国企业购入一项专利权，对方负担预提所得税及增值税，美元中间价为6.428，卖出价为6.430，该企业自有美元，无须购汇。

① 代缴预提所得税及增值税：

借：应交税费——应交增值税（US ＄100万×6.4280×6%）　　385 680

　　　　　　——应交预提所得税［（US ＄100万×6.4280−385 680）×10%］

　　　　　　　　　　　　　　　　　　　　　　　　　　604 232

贷：银行存款　　989 912

② 按合同金额计入无形资产成本：

借：无形资产　　6 428 000

贷：应付账款——应付国外账款（专利权）　　6 428 000

③ 同时结转代扣税费：

借：应付账款——应付国外账款（专利权）　　989 912

贷：应交税费——应交增值税　　385 680

——应交预提所得税　　604 232

④ 支付扣税后的净价款：

借：应付账款——应付国外账款（专利权）　　5 438 088

（US ＄100万 ×6.4280−385 680−604 232）

贷：银行存款　　5 438 088

2. 投资者投入技术的成本

投资者投入的技术，应按投资合同或协议约定的价值确定该技术的取得成本，借记“无形资产”科目；按投入资本在注册资本或股本中所占份额，贷记“实收资本”科目或“股本”科目；按其差额，贷记“资本公积——资本溢价”或“资本公积——股本溢价”等科目。

（二）以产品补偿引进国外技术的会计核算

技术出口国提供专利和非专利技术的所有权或使用权，我国企业利用该技术生产的产品来偿还该技术的使用费，此类业务属于补偿贸易，带有融资性质。引进技术时不需要立即付汇，但按我国税法规定需缴增值税和预提所得税，见表7-2。

表7-2　引进技术时具体的账务处理要求

序号	业务环节	会计分录
1	引进技术按合同价值记账	借：无形资产 　贷：长期应付款——应付国外专利权
2	第一次向国外交货偿还技术使用费	借：长期应付款——应付国外专利权 　贷：主营业务收入 结转成本： 借：主营业务成本 　贷：库存商品
3	同时代扣缴增值税和预提所得税	借：长期应付款——应付国外专利权 　贷：应交税费——应交增值税 　　　　　　——应交预提所得税

续表

序号	业务环节	会计分录
4	缴纳增值税和预提所得税	借：应交税费——应交增值税 　　　　　　——应交预提所得税 　贷：银行存款
5	每月无形资产摊销	借：管理费用（或制造费用等）——无形资产摊销 　贷：累计摊销——专利使用权

实例4

A国企业向我国甲企业提供一项技术专利，尚余使用年限为4年，总作价为100万美元，以利用该技术生产的产品分四次偿还，美元中间价为6.428，为简化举例，假设其间汇率无变动，又假设每次补偿供货的成本均为人民币130万元。设预提所得税税率为10%，增值税税率为6%。

① 引进技术按合同价值记账：

借：无形资产——专利权　　6 428 000

　贷：长期应付款——应付国外专利权（US ＄100 万元）　　6 428 000

② 第一次向国外交货偿还专利技术：

借：长期应付款——应付国外专利权　　1 607 000

　贷：主营业务收入　　1 607 000

结转成本：

借：主营业务成本　　1 300 000

　贷：库存商品　　1 300 000

同时代A国企业扣缴增值税和预提所得税：

借：长期应付款——应付国外专利权　　247 478

　贷：应交税费——应交增值税（US ＄25 万 ×6.4280×6%）　　96 420

　　　　　　——应交预提所得税［（US ＄25 万 ×6.4280−96420）×10%］　　151 058

借：应交税费——应交增值税　　96 420

　　　　　——应交预提所得税　　151 058

　贷：银行存款　　247 478

③ 每月无形资产摊销：

借：管理费用——无形资产摊销（6 428 000÷48）　　133 916.67

　贷：累计摊销——专利权使用权　　133 916.67

④ 第二、第三、第四次向国外交货偿还技术使用费分录同上。

（三）技术进口的后续计量

如果进口的技术作为“无形资产”进行核算，在初始成本确定后，使用该项技术的期间内应以成本减去累计摊销额和累计减值损失后的余额计量，见图7-5所示。

情况一　**对于使用寿命有限的技术**

应在预计的使用寿命内采用系统、合理的方法对应摊销金额进行摊销。应摊销金额是指技术的成本扣除残值后的金额。已计提减值准备的，还应扣除计提的减值准备累计金额。残值一般视为零。摊销期自可供使用时起至终止确认时止，即当月增加的当月开始摊销；当月减少的当月不再摊销。摊销方法应当能反映与该技术有关的经济利益的预期实现方式，并一致地运用于不同会计期间，包括直线法、生产总量法、加速折旧法等。摊销时，根据该技术所服务的对象，将其摊销价值计入相关资产的成本或当期损益

情况二　**对于使用寿命不确定的技术**

在持有期间不需要摊销，但应当在每个会计期间进行减值测试。如果经测试表明已发生减值，则需要计提相应的减值准备，借记“资产减值损失”科目，贷记“无形资产减值准备”科目

图7-5　技术进口的后续计量

五、技术出口的账务处理

（一）企业提供技术服务的账务处理

企业为技术进口国设计软件、开发新产品、培训技术人员、设计产品、设计建筑等均属于技术服务。

1. 技术服务收入确认的条件

提供技术服务的交易结果必须同时能满足下列条件，才能确认收入，如图7-6所示。

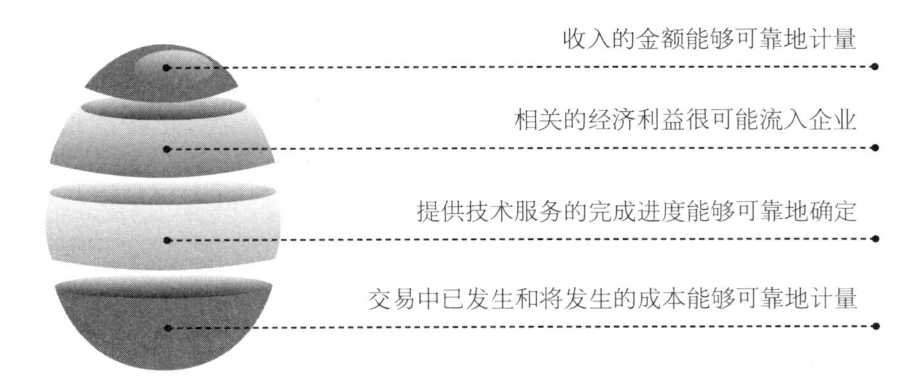

图7-6 技术服务收入确认的条件

2. 技术服务收入确认的几种情况

（1）提供的技术服务从开始到完成，如果处在同一会计年度内，应当在完成服务时确认收入。

（2）提供的技术服务如果不能在一个会计年度内完成，但交易的结果能够可靠估计，企业在资产负债表应当采用完工百分比法确认提供技术服务的收入。

完工百分比法是指按照技术服务的完成进度确认收入和费用的方法。合同总收入一般在双方签订的合同或协议中确定。企业应当在资产负债表日，按照提供技术服务的收入总额乘以完成进度扣除以前会计期间累计已确认的提供技术服务的收入后的金额，确认当期提供技术服务的收入；同时，按照提供技术服务估计的总成本乘以完工进度扣除以前会计期间累计已确认的成本后的金额，结转当期提供技术服务的成本。

企业确定提供技术服务交易的完成程度时，可以选用的方法有：已完成工作的测量；已提供的技术服务占应提供技术服务总量的比例；已发生的成本占估计总成本的比例。

（3）外贸企业提供技术服务的交易结果在资产负债表日不能够可靠估计的，应当分下列情况处理：

① 已经发生的技术服务成本预计能够得到补偿的，按照已经发生的成本金额确认提供技术服务的收入，并按相同金额结转成本。

② 已经发生的技术服务成本预计不能够得到补偿的，应当将已经发生的成本计入当期损益，不确认提供技术服务的收入。

（4）外贸企业在与外商签订既有销售商品又有提供技术服务的合同或协议时：

① 如果销售商品部分和提供技术服务部分能够区分且能够单独计量，应分别核算商品部分和提供技术服务部分，分别做销售商品处理和提供技术服务处理。

② 如果销售商品部分和提供技术服务部分不能够区分，或虽能区分但不能够单独计量，

应将销售商品部分和提供技术服务部分全部作为商品销售进行会计处理。

3. 具体的账务处理

具体的账务处理要求，见表7-3。

表7-3　具体的账务处理要求

序号	业务环节	会计分录
1	收到预收款，已扣预提所得税	借：银行存款 应交税费——应交预提所得税 贷：预收账款——预收国外账款
2	结转代缴预提所得税	借：所得税费用 贷：应交税费——应交预提所得税
3	发生成本时	借：劳务成本 贷：应付职工薪酬
4	资产负债表日确认收入	借：应收账款——应收国外账款 贷：主营业务收入（或其他业务收入） 同时结转成本： 借：主营业务成本（或其他业务成本） 贷：劳务成本
5	下一年发生成本时	借：劳务成本 贷：应付职工薪酬
6	设计工程完工时确认余下进度的收入	借：应收账款——应收国外账款 贷：主营业务收入（或其他业务收入） 同时结转成本： 借：主营业务成本（或其他业务成本） 贷：劳务成本
7	收到劳务收入余款	借：银行存款 贷：应收账款——应收国外账款
8	结转代缴预提所得税	借：应交税费——应交预提所得税 贷：应收账款——应收国外账款 借：预收账款——预收国外账款 贷：应收账款——应收国外账款

我国甲公司于2021年9月为某B国企业设计工程项目，设计费为50万美元，期限6个月，合同规定B国企业预付设计费5万美元，余款在设计完成后支付。至2021年12月31日已发生成本200万元（假定为设计人员工资），预计完成该设计项目还将

发生成本120万元。2021年12月31日经专业人员测评，设计工程已完成75%。美元中间价为6.3，假定期内无变动。B国征收的预提所得税率为10%，则：

2021年确认收入＝劳务总收入×劳务的完成程度－以前年度已确认的收入
=500 000×6.3×75%−0
=2 362 500（元）

2021年确认费用＝劳务总成本×劳务的完成程度－以前年度已确认的成本
=（2 000 000+1 200 000）×75%−0
=2 400 000（元）

甲公司做分录：

① 收到预收款，已扣预提所得税：

借：银行存款——美元户[50 000×（1−10%）×6.3]　　283 500
　贷：预收账款——预收国外账款（B国企业）　　283 500

② B企业寄来代缴预提所得税凭证：

借：应交税费——应交B国预提所得税　　31 500
　贷：预收账款——预收国外账款（B国企业）（US ＄5 000）　　31 500

借：所得税费用　　31 500
　贷：应交税费——应交B国预提所得税　　31 500

③ 发生成本时：

借：劳务成本　　2 000 000
　贷：应付职工薪酬　　2 000 000

④ 2021年资产负债表确认收入：

借：应收账款——应收国外账款（US ＄375 000）　　2 362 500
　贷：主营业务收入　　2 362 500

同时结转成本：

借：主营业务成本　　2 400 000
　贷：劳务成本　　2 400 000

⑤ 2022年中发生成本时（实际发生成本比预计多5万元）：

借：劳务成本　　1 250 000
　贷：应付职工薪酬　　1 250 000

⑥ 设计工程完成时确认余下25%进度的收入：

借：应收账款——应收国外账款（B企业）
（US ＄50万×25%=US ＄12.5万）　　787 500
　贷：主营业务收入　　787 500

同时结转成本：实际发生200万元+125万元－已转销240万元。

借：主营业务成本　850 000

　贷：劳务成本　850 000

⑦ 收到B国企业设计费余款：

借：银行存款——美元户

　［US ＄45万×（1−10%）=US ＄40.5万］　2 551 500

　贷：应收账款——应收国外账款（B企业）　2 551 500

⑧ 结转B企业代缴预提所得税：

借：应交税费——应交国外预提所得税　283 500

　贷：应收账款——预收国外账款（B企业）（US ＄45 000）　283 500

借：预收账款——预收国外账款（B企业）（US ＄50 000）　31 500

　贷：应收账款——应收国外账款（B企业）（US ＄50 000）　31 500

（二）技术转让的账务处理

技术转让又称技术权益转让，是指外贸企业将其所拥有的专利和非专利技术等的所有权或使用权有偿转让给他人使用的行为。外贸企业可以用图纸、技术资料等形式有偿转让技术所有权或使用权。

1.技术转让收入确认的调整

这类交易属于企业让渡资产使用权，因而使用费作为收入进行处理。

让渡资产使用权的收入同时满足下列条件，才能予以确认。

（1）相关的经济利益很可能流入企业。

（2）收入的金额能够可靠地计量。

2.收入确认的一般要求

使用费收入应按有关合同、协议规定的收费时间和方法确认。

（1）如果合同、协议规定使用费一次支付，且不提供后期服务，应视同该项资产的销售一次性确认收入。

（2）如提供后期服务，应在合同、协议规定的有效期内分期确认收入。

（3）如合同规定分期支付使用费，应按合同规定的收款时间和金额或合同规定的收费方法计算的金额分期确认收入。

3.具体账务处理

具体的账务处理要求，见表7-4。

表7-4 具体的账务处理要求

序号	业务环节	会计分录
1	转让技术的所有权	借：银行存款 累计摊销 无形资产减值准备 资产处置损益——处置非流动资产损失（如果差额为负） 贷：无形资产 应交税费 资产处置损益——处置非流动资产利得（如果差额为正）
2	转让技术的使用权	外贸企业将所拥有的技术使用权让渡给外国的企业或个人时，应确认相关的收入和成本，通过其他业务收支科目进行核算，取得的租金收入，借记“银行存款”等科目，贷记“其他业务收入”等科目；摊销出租技术的成本及发生的与转让有关的各种费用支出，借记“其他业务成本”科目，贷记“累计摊销”等科目 ① 取得租金收入 借：银行存款 贷：其他业务收入 ② 结转成本 借：其他业务成本 贷：累计摊销

国内甲企业将一项专利权让给C国企业使用，合同规定使用期为4年，使用费为20万美元，分两次收取，并当即结汇。该专利权受法律保护期限为7年（假定已过2年），该技术专利权取得时的账面价值为20万元，已摊销2年，余额为142 850元。C国不征收预提所得税，美元买入价为6.3，做分录如下：

① 每次收取使用费时：

借：银行存款——人民币户　　630 000

　贷：其他业务收入　　630 000

② 按4年的期限，每月摊销无形资产时：

借：其他业务成本——无形资产摊销（142 850 ÷ 4 ÷ 12）　　2 976

　贷：累计摊销——专利权　　2 976

第三节 样展品的会计核算

一、样展品的概念

样展品通常是指从一批商品中抽取出来的，或由生产、使用部门设计、加工出来的，足以反映和代表整批货物品质的少量实物。

样展品的主要作用，如图7-7所示。

通过现场陈列展览商品，可以起到向顾客广泛宣传商品、开拓市场、促进销售的作用

通过举办展览，可以了解参观者和顾客对企业所经营产品的意见和问题，并寻求双方满意的解决办法，留住老客户，发展新客户

通过举办展览的机会，不仅可以了解市场的许多信息，也可以了解同行业产品和业务发展的情况及今后的发展趋势

图7-7 样展品的主要作用

外贸企业进出口交易的商品品种、规格、花色、质量等多种多样。样展品的规格相当复杂。来源渠道也不一样，有的来自国外，有的来自国内，有的由客商无偿提供，有的是自行采购。

二、样展品业务的账务处理

（一）账户的设置

外贸企业对样展品，在“库存商品”账户下设样展品专户进行总分类核算；按出口样品、进口样品、出国展品、国内陈列展品、交易会样展品、借用样品等，并以品名进行明细分类核算，同时登记数量与金额。

“库存商品——样展品”账户用来核算外贸企业存放入库和陈列在国内外的样品、展品和卖品。借方反映验收入库和其他原因的增加数，贷方反映销售、赠送、其他原因的减少数，其余额在借方，反映样展品的结存数。

（二）样展品收发业务的账务处理

1.外贸企业购进样品时

外贸企业购进样品时，按采购成本记账，会计分录如下：

借：库存商品——样展品

　　应交税费——应交增值税（进项税额）

　贷：银行存款

某外贸公司由业务部门购进样展品20 000元，税金2 600元，交样展品管理部门验收入库，会计分录如下：

借：库存商品——样展品	20 000	
应交税费——应交增值税（进项税额）	2 600	
贷：银行存款		22 600

2.接受赠送的无价样品时

接受赠送的无价样品，应按市场价格或同类样品价格估价入账，并作为营业外收入处理，会计分录为：

借：库存商品——样展品

　贷：营业外收入

某外贸公司接受国外客户无偿赠送样品，按现行市场价格计价2 356元，会计分录如下：

借：库存商品——样展品	2 356	
贷：营业外收入		2 356

（税务从略）

3.企业向组织单位提供样展品作为内销时

外贸企业向组织单位提供样展品作为内销时，向组织单位收取销货价款，分录为：

借：应收账款

贷：主营业务收入

应交税费——应交增值税（销项税额）

同时结转库存商品成本，分录为：

借：主营业务成本

贷：库存商品——样展品

实例9

某外贸公司发送给经办单位组织到国外展览的样展品成本为4 000元，作为内销，计价7 000元，增值税税率为13%，分录如下：

	借方	贷方
借：应收账款	7 910	
贷：主营业务收入		7 000
应交税费——应交增值税（销项税额）		910

同时结转库存商品成本：

	借方	贷方
借：主营业务成本	4 000	
贷：库存商品——样展品		4 000

4. 企业出售样品给国外客商时

企业出售样品给国外客商时，应确认出口商品的销售收入，分录为：

借：银行存款

贷：主营业务收入

同时结转销售成本，分录为：

借：主营业务成本

贷：库存商品——样展品

实例10

某外贸公司出售样品给国外客商，库存成本4 000元，收到1 000美元，存入中国银行，当时美元即期汇率为1美元=6.2元人民币，分录如下：

	借方	贷方
借：银行存款（US ＄1 000×6.2）	6 200	
贷：主营业务收入（US ＄1 000×6.2）		6 200

同时结转销售成本：

借：主营业务成本 4 000

贷：库存商品——样展品 4 000

5. 企业无偿提供给国外客商样品时

企业无偿提供给国外客商样品时，应计入销售费用，分录为：

借：销售费用

贷：库存商品——样展品

应交税费——应交增值税（进项税额转出）

某外贸公司无偿提供给国外客商样品，共计600元，分录如下：

借：销售费用 678

贷：库存商品——样展品 600

应交税费——应交增值税（进项税额转出） 78

6. 在国内陈列展览的样展品

对于发出的在国内陈列展览的样展品，如果数量较小，价值较低，可计入销售费用，分录为：

借：销售费用

贷：库存商品——样展品

应交税费——应交增值税（进项税额转出）

某外贸公司发送给国内某展览馆陈列展览的小量低价样展品计2 000元，分录如下：

借：销售费用 2 260

贷：库存商品——样展品 2 000

应交税费——应交增值税（进项税额转出） 260

08

第八章

出口货物退（免）税会计业务

【本章要点】

- 出口货物退（免）税的构成要素
- 外贸企业出口退税核算
- 生产企业出口免抵退税核算

第一节　出口货物退（免）税的构成要素

出口货物退（免）税的构成要素，主要包括出口货物退（免）税的企业范围、货物范围、税种、退税率、计税依据、期限和地点等。

一、哪些企业可以享受出口货物退（免）税

我国现行享受出口货物退（免）税的出口企业有八类，具体如表8-1所示。

表8-1　我国现行享受出口货物退（免）税的八类企业

序号	类别	具体说明
1	第一类	经商务部及其授权单位赋予进出口经营权的外贸企业，含外贸总公司和在异地设立的经商务部批准的有进出口经营权的独立核算的分支机构
2	第二类	经商务部及其授权单位赋予进出口经营权的自营生产企业和生产型集团公司
3	第三类	经商务部赋予进出口经营权的工贸企业、集生产与贸易为一体的集团贸易公司等。这类企业既有出口货物的生产性能，又有出口货物的经营（贸易）性能。对此，凡是执行外贸企业财务制度、无生产实体、仅从事出口贸易业务的，可比照第一类外贸企业的有关规定办理退（免）税；凡是有生产实体，且从事出口贸易业务、执行工业企业财务制度的，可比照第二类自营生产企业的有关规定办理退（免）税
4	第四类	外商投资企业。外商投资企业在规定退税投资总额内以货币采购的、符合退税条件的国产设备也享受退税政策
5	第五类	委托外贸企业代理出口的企业。包括委托外贸企业代理出口货物的有进出口权的外贸企业和委托外贸企业代理出口货物的生产企业
6	第六类	经国务院批准设立的、享有进出口经营权的中外合资企业和合资连锁企业（简称“商业合资企业”）。其收购自营出口业务准予退税的国产货物范围，按商务部规定的出口经营范围执行
7	第七类	特准退还或免征增值税和消费税的企业。这类企业有： （1）将货物运出境外用于对外承包项目的对外承包工程公司 （2）对外承接修理修配业务的企业 （3）将货物销售给外轮、远洋国轮而收取外汇的外轮供应公司和远洋运输供应公司 （4）在国内采购货物并运往境外作为在国外投资的企业 （5）利用外国政府或国际金融组织贷款，通过国际招标机电产品中标的企业 （6）承接境外带料加工装配业务的企业 （7）利用中国政府的援外优惠贷款和合资合作项目基金出口货物的企业

续表

序号	类别	具体说明
7	第七类	（8）文化和旅游部所属中国免税品公司统一管理的出境口岸免税店 （9）国家规定特准退免税的其他企业
8	第八类	指定退税的企业。为了严防假冒高税率货物和贵重货物出口，杜绝骗取出口退税行为的发生，对于一些贵重货物的出口，国家指定了一些企业经营。指定企业出口这类货物，可予以退税；非指定企业，即使有出口经营权，出口这类货物，国家也不予退税。但对生产企业自营或委托出口的贵重货物，给予退（免）税

二、出口货物退（免）税的退税对象

退税对象是指对什么东西退税，即出口退税的客体，它是确定退税类型的主要条件，也是退税的基本依据。而货物范围，则是确定退税对象的具体界限。对纳入退税范围的退税对象，必须在具体范围上予以明确。

（一）一般退（免）税的货物范围

根据《出口货物退（免）税管理办法》的相关规定，出口的凡属于已征或应征增值税、消费税的货物，除国家明确规定不予退（免）税的货物和出口企业从小规模纳税人购进并持普通发票的部分货物外，都是出口退（免）税的货物范围，对其均应退还已征增值税和消费税或免征应征的增值税和消费税。可以申报退（免）税的货物一般应具备四个条件，具体如图8-1所示。

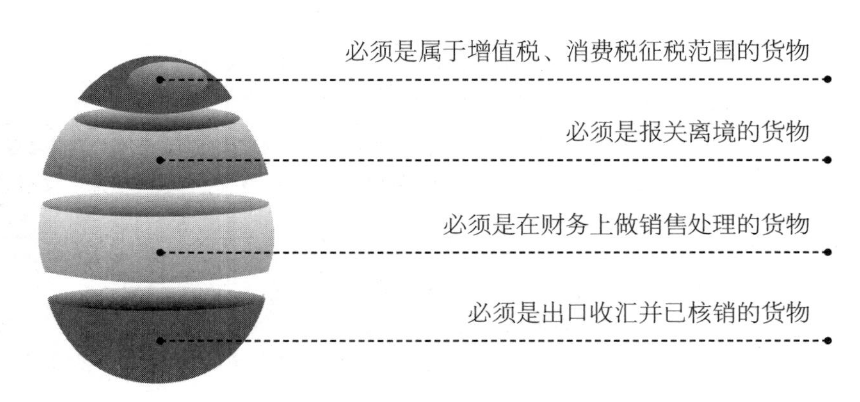

图8-1　可申报退（免）税的货物必须具备的四个条件

出口货物只有在同时具备上述四个条件的情况下，才能向税务部门申报办理退税；否则，不能办理退税。

（二）适用增值税退（免）税政策的出口货物、劳务

（1）出口企业出口货物，包括自产货物和符合条件的视同自产货物。

（2）出口企业或其他单位视同出口货物。具体如下：

① 出口企业对外援助、对外承包、境外投资的货物。

② 出口企业经海关报关进入国家批准的出口加工区、保税物流园区、保税港区、综合保税区、中哈霍尔果斯国际边境合作中心（中方配套区域）、保税物流中心（B型，以下统称特殊区域），并销售给特殊区域内单位或境外单位、个人的货物。

③ 免税品经营企业销售的货物，国家规定不允许经营和限制出口的货物、卷烟及超出免税品经营企业“企业法人营业执照”经营范围的货物除外。具体如下：

——中国免税品（集团）有限责任公司向海关报关运入海关监管仓库，专供其经国家批准设立的统一经营、统一组织进货、统一制定零售价格、统一管理的免税店销售的货物。

——国家批准的除中国免税品（集团）有限责任公司外的免税品经营企业，向海关报关运入海关监管仓库，专供其所属的首都机场口岸海关隔离区内免税店销售的货物。

——国家批准的除中国免税品（集团）有限责任公司外的免税品经营企业所属的上海虹桥、浦东机场海关隔离区内免税店销售的货物。

④ 出口企业或其他单位销售给用于国际金融组织或外国政府贷款国际招标建设项目的中标机电产品（以下称中标机电产品）。上述中标机电产品，包括外国企业中标再分包给出口企业或其他单位的机电产品。

⑤ 生产企业向海上石油、天然气开采企业销售的自产的海洋工程结构物。

⑥ 出口企业或其他单位销售给国际运输企业用于国际运输工具上的货物。

⑦ 出口企业或其他单位销售给特殊区域内生产企业生产耗用且不向海关报关而输入特殊区域的水（包括蒸汽）、电力、燃气（以下称输入特殊区域的水电气）。

除财税〔2012〕39号《关于出口货物、劳务增值税和消费税政策的通知》及财政部和国家税务总局另有规定外，视同出口货物适用出口货物的各项规定。

（3）出口企业对外提供加工、修理修配劳务

对外提供加工修理修配劳务，是指对进境复出口货物或从事国际运输的运输工具进行的加工、修理修配。

（三）适用增值税免税政策的出口货物、劳务

适用增值税免税政策的出口货物、劳务，如表8-2所示。

表8-2 适用增值税免税政策的出口货物、劳务

序号	方式	具体说明
1	出口企业或其他单位出口规定的货物	（1）增值税小规模纳税人出口的货物 （2）避孕药品和用具，古旧图书 （3）软件产品，其具体范围是指海关税则号前四位为“9803”的货物 （4）含黄金、铂金成分的货物，钻石及其饰品 （5）国家计划内出口的卷烟 （6）已使用过的设备，其具体范围是指购进时未取得增值税专用发票、海关进口增值税专用缴款书，但其他相关单证齐全的已使用过的设备 （7）非出口企业委托出口的货物 （8）非列名生产企业出口的非视同自产货物 （9）农业生产者自产农产品，其具体范围按照《农业产品征税范围注释》（财税〔1995〕52号）的规定执行 （10）油画、花生果仁、黑大豆等财政部和国家税务总局规定的出口免税货物 （11）外贸企业取得普通发票、废旧物资收购凭证、农产品收购发票、政府非税收入票据的货物 （12）来料加工复出口的货物 （13）特殊区域内的企业出口的特殊区域内的货物 （14）以人民币现金作为结算方式的边境地区出口企业从所在省（自治区）的边境口岸出口到接壤国家的一般贸易和边境小额贸易出口货物 （15）以旅游购物贸易方式报关出口的货物
2	出口企业或其他单位视同出口的货物、劳务	（1）国家批准设立的免税店销售的免税货物〔包括进口免税货物和已实现退（免）税的货物〕 （2）特殊区域内的企业为境外的单位或个人提供加工、修理修配劳务 （3）同一特殊区域、不同特殊区域内的企业之间销售特殊区域内的货物

小提示

出口企业未按规定进行单证备案（因出口货物的成交方式特性，企业没有有关备案单证的情况除外）的出口货物，不得申报退（免）税。对于企业适用增值税免税政策的出口货物、劳务，出口企业或其他单位可以依照现行增值税有关规定放弃免税，并按规定缴纳增值税。企业应向主管税务机关提出书面报告，一旦放弃免税，36个月内不得更改。

出口享受免征增值税的货物，其耗用的原材料、零部件等支付的进项税额（包括准予抵扣的运输费用所含的进项税额），不能从内销货物的销项税额中抵扣，应计入产品成本。

（四）适用增值税征税政策的出口货物、劳务

适用增值税征税政策的出口货物、劳务如下：

（1）出口企业出口或视同出口财政部和国家税务总局根据国务院决定明确的取消出口退

（免）税的货物（不包括来料加工复出口货物，中标机电产品，列名原材料、输入特殊区域的水电气、海洋工程结构物）。

（2）出口企业或其他单位销售给特殊区域内的生活消费用品和交通运输工具。

（3）出口企业或其他单位因骗取出口退税被税务机关禁止办理增值税退（免）税期间出口的货物。

（4）出口企业或其他单位提供虚假备案单证的货物。

（5）出口企业或其他单位增值税退（免）税凭证有伪造或内容不实的货物。

（6）出口企业或其他单位具有以下情形之一的出口货物、劳务。

① 将空白的出口货物报关单、出口收汇核销单等退（免）税凭证交由除签有委托合同的货代公司、报关行，或由境外进口方指定的货代公司（提供合同约定或者其他相关证明）以外的其他单位或个人使用的。

② 以自营名义出口，其出口业务实质上是由本企业及其投资的企业以外的单位或个人借该出口企业名义操作完成的。

③ 以自营名义出口，就其出口的同一批货物既签订购货合同，又签订代理出口合同（或协议）的。

④ 出口货物在海关验放后，自己或委托货代承运人对该笔货物的海运提单或其他运输单据上的品名、规格等进行修改，造成出口货物报关单与海运提单或其他运输单据有关内容不符的。

⑤ 以自营名义出口，但不承担出口货物的质量、收款或退税风险之一的，即对出口货物发生质量问题不承担购买方的索赔责任（合同中有约定质量责任承担者除外）；不承担未按期收款导致不能核销的责任（合同中有约定收款责任承担者除外）；不承担因申报出口退（免）税的资料、单证等出现问题造成不退税责任的。

⑥ 未实质参与出口经营活动、接受并从事由中间人介绍的其他出口业务，但仍以自营名义出口的。

小提示

第（4）、（5）项具体情况如下：

① 提供的增值税专用发票、海关进口增值税专用缴款书等进货凭证为虚开或伪造。

② 提供的增值税专用发票是在供货企业税务登记被注销或被认定为非正常户之后开具的。

③ 提供的增值税专用发票抵扣联上的内容与供货企业记账联上的内容不符。

④ 提供的增值税专用发票上载明的货物劳务与供货企业实际销售的货物、劳务不符。

⑤ 提供的增值税专用发票上的金额与实际购进交易的金额不符。

⑥ 提供的增值税专用发票上的货物名称、数量与供货企业的发货单、出库单及相关国内运输单据等凭证上的相关内容不符，数量属合理损益的除外。

⑦ 出口货物报关单上的出口日期早于申报退税匹配的进货凭证上所列货物的发货时间（供货企业发货时间）或生产企业自产货物的发货时间。

⑧ 出口货物报关单上载明的出口货物与申报退税匹配的进货凭证上载明的货物或生产企业的自产货物不符。

⑨ 出口货物报关单上的商品名称、数量、重量与出口运输单据载明的不符，数量、重量属合理损益的除外。

⑩ 生产企业出口自产货物的，其生产设备、工具不能生产该种货物。

⑪ 供货企业销售的自产货物，其生产设备、工具不能生产该种货物。

⑫ 供货企业销售的外购货物，其购进业务为虚假业务。

⑬ 供货企业销售的委托加工收回货物，其委托加工业务为虚假业务。

⑭ 出口货物的提单或运单等备案单证为伪造、虚假的。

⑮ 出口货物报关单是通过利用报关行等单位将他人出口的货物虚构为本企业出口货物的手段取得的。

三、出口货物退（免）税的税种

我国出口货物退（免）税仅限于间接税中的增值税和消费税。

增值税是指对在中华人民共和国境内销售货物或者提供加工、修理修配劳务以及进口货物的单位和个人，就其应税货物销售、加工、修理修配过程中的增值额和进口货物金额征收的一种税。

消费税是对我国境内生产、委托加工和进口《中华人民共和国消费税暂行条例》规定的应税消费品的单位和个人征收的一种流转税。

四、出口货物退（免）税的税率

退税率是出口货物的实际退税额与计税依据之间的比例。

（一）出口货物增值税退税率

目前我国出口货物增值税的退税率设定为13%、10%、9%、6%和零税率。

（二）出口货物消费税退税率

计算出口货物应退消费税税款的税率或单位税额，依《中华人民共和国消费税暂行条例》所附的消费税税目税率（税额）表执行，见表8-3。

表8-3　消费税税目税率表

税目	税率
一、烟	
1.卷烟	
（1）甲类卷烟	45%加0.003元/支
（2）乙类卷烟	30%加0.003元/支
2.雪茄烟	25%
3.烟丝	30%
二、酒及酒精	
1.白酒	20%加0.5元/500克（或者500毫升）
2.黄酒	240元/吨
3.啤酒	
（1）甲类啤酒	250元/吨
（2）乙类啤酒	220元/吨
4.其他酒	10%
5.酒精	5%
三、化妆品	30%
四、贵重首饰及珠宝玉石	
1.金银首饰、铂金首饰和钻石及钻石饰品	5%
2.其他贵重首饰和珠宝玉石	10%
五、鞭炮、焰火	15%
六、成品油	
1.汽油	
（1）含铅汽油	0.28元/升
（2）无铅汽油	0.20元/升
2.柴油	0.10元/升
3.航空煤油	0.10元/升
4.石脑油	0.20元/升
5.溶剂油	0.20元/升
6.润滑油	0.20元/升
7.燃料油	0.10元/升

续表

税　目	税　率
七、汽车轮胎	3%
八、摩托车 1.气缸容量（排气量，下同）在250毫升（含250毫升）以下的 2.气缸容量在250毫升以上的	 3% 10%
九、小汽车 1.乘用车 （1）气缸容量（排气量，下同）在1.0升（含1.0升）以下的 （2）气缸容量在1.0升以上至1.5升（含1.5升）的 （3）气缸容量在1.5升以上至2.0升（含2.0升）的 （4）气缸容量在2.0升以上至2.5升（含2.5升）的 （5）气缸容量在2.5升以上至3.0升（含3.0升）的 （6）气缸容量在3.0升以上至4.0升（含4.0升）的 （7）气缸容量在4.0升以上的 2.中轻型商用客车	 1% 3% 5% 9% 12% 25% 40% 5%
十、高尔夫球及球具	10%
十一、高档手表	20%
十二、游艇	10%
十三、木制一次性筷子	5%
十四、实木地板	5%

五、出口货物退（免）税的计税依据

（一）增值税退（免）税的计税依据

出口货物、劳务的增值税退（免）税的计税依据，按出口货物、劳务的出口发票（外销发票）、其他普通发票或购进出口货物、劳务的增值税专用发票、海关进口增值税专用缴款书确定。

（1）生产企业出口货物、劳务（进料加工复出口货物除外）增值税退（免）税的计税依据，为出口货物、劳务的实际离岸价（FOB）。实际离岸价应以出口发票上的离岸价为准，但如果出口发票不能反映实际离岸价，则主管税务机关有权予以核定。

（2）生产企业进料加工复出口货物增值税退（免）税的计税依据，按出口货物的离岸价扣除出口货物所含的海关保税进口料件的金额后确定。

海关保税进口料件，是指海关以进料加工贸易方式监管的出口企业从境外和特殊区域等进口的料件，包括出口企业从境外单位或个人购买并从海关保税仓库提取且办理海关进料加工手续的料件，以及保税区外的出口企业从保税区内的企业购进并办理海关进料加工手续的进口料件。

（3）生产企业国内购进无进项税额且不计提进项税额的免税原材料加工后出口的货物的计税依据，按出口货物的离岸价扣除出口货物所含的国内购进免税原材料的金额后确定。

（4）外贸企业出口货物（委托加工修理修配货物除外）增值税退（免）税的计税依据，为购进出口货物的增值税专用发票注明的金额或海关进口增值税专用缴款书注明的完税价格。

（5）外贸企业出口委托加工、修理修配货物增值税退（免）税的计税依据，为加工、修理修配费用增值税专用发票注明的金额。外贸企业应将加工、修理修配使用的原材料（进料加工海关保税进口料件除外）作价销售给受托加工、修理修配的生产企业，受托加工、修理修配的生产企业应将原材料成本并入加工、修理修配费用开具发票。

（6）已使用过的设备（出口进项税额未计算抵扣的）增值税退（免）税的计税依据，按下列公式确定：

退（免）税计税依据＝增值税专用发票上的金额或海关进口增值税专用缴款书注明的完税价格×已使用过的设备固定资产净值÷已使用过的设备原值

已使用过的设备固定资产净值＝已使用过的设备原值－已使用过的设备已提累计折旧

上述公式所称的已使用过的设备，是指出口企业根据财务会计制度已经计提折旧的固定资产。

（7）免税品经营企业销售的货物增值税退（免）税的计税依据，为购进货物增值税专用发票注明的金额或海关进口增值税专用缴款书注明的完税价格。

（8）中标机电产品增值税退（免）税的计税依据：生产企业，为销售机电产品的普通发票注明的金额；外贸企业，为购进货物的增值税专用发票注明的金额或海关进口增值税专用缴款书注明的完税价格。

（9）生产企业向海上石油、天然气开采企业销售的自产的海洋工程结构物的增值税退（免）税计税依据，为销售海洋工程结构物的普通发票注明的金额。

（10）输入特殊区域的水电气增值税退（免）税的计税依据，为作为购买方的特殊区域内的生产企业购进水（包括蒸汽）、电力、燃气的增值税专用发票注明的金额。

（二）消费税退税的计税依据

出口货物消费税应退税额的计税依据，按购进出口货物的消费税专用缴款书和海关进口消费税专用缴款书确定。

属于从价定率计征消费税的，计税依据为已征且未在内销应税消费品应纳税额中抵扣的购进出口货物的金额；属于从量定额计征消费税的，计税依据为已征且未在内销应税消费品应纳税额中抵扣的购进出口货物的数量；属于复合计征消费税的，按从价定率和从量定额计征消费税的计税依据分别确定。

消费税退税的计算：

消费税应退税额=从价定率计征消费税的退税计税依据×比例税率+从量定额计征消费税的退税计税依据×定额税率

六、出口货物退（免）税的方法

（一）出口货物增值税的退（免）税方法

现行出口货物增值税的退（免）税方法主要有三种，具体如图8-2所示。

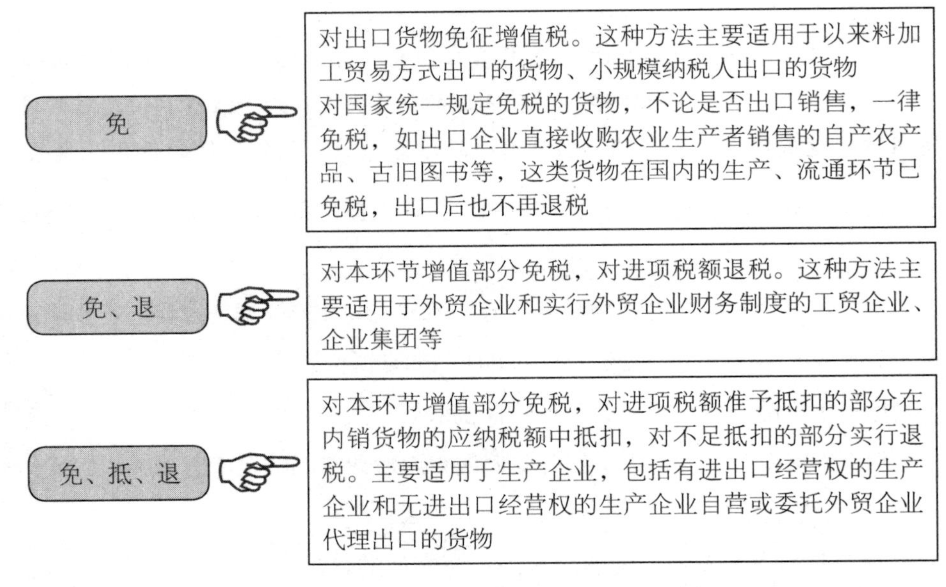

图8-2 现行出口货物增值税的退（免）税方法

（二）出口货物消费税的退（免）税方法

现行出口货物消费税的退（免）税方法主要有两种，具体如图8-3所示。

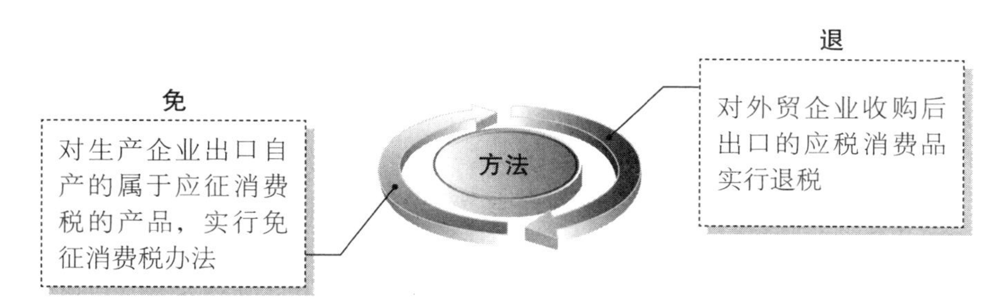

图8-3　出口货物消费税的退（免）税方法

各类型企业和贸易方式适用的出口退（免）税方式，如表8-4所示。

表8-4　各类型企业和贸易方式适用的出口退（免）税方式

<table>
<tr><th colspan="2">纳税人性质</th><th>出口贸易方式</th><th>出口退（免）税方式</th><th>备注</th></tr>
<tr><td rowspan="8">生产企业</td><td rowspan="4">一般纳税人</td><td>一般贸易</td><td rowspan="2">免、抵、退税</td><td rowspan="4">对零退税率的出口货物应视同内销征税</td></tr>
<tr><td>进料加工</td></tr>
<tr><td>来料加工</td><td>免税</td></tr>
<tr><td>间接出口</td><td>免税</td></tr>
<tr><td rowspan="4">小规模纳税人</td><td>一般贸易</td><td>免税</td><td rowspan="2">对零退税率的出口货物应视同内销征税</td></tr>
<tr><td>进料加工</td><td>免税</td></tr>
<tr><td>间接出口</td><td>免税</td><td rowspan="2">对零退税率的出口货物应视同内销征税</td></tr>
<tr><td>来料加工</td><td>免税</td></tr>
<tr><td rowspan="6">外贸企业</td><td rowspan="3">一般纳税人</td><td>一般贸易</td><td>免、退税</td><td rowspan="3">对零退税率的出口货物应视同内销征税</td></tr>
<tr><td>进料加工</td><td>免、退税</td></tr>
<tr><td>来料加工</td><td>免税</td></tr>
<tr><td rowspan="3">小规模纳税人</td><td>一般贸易</td><td>免税</td><td rowspan="3">对零退税率的出口货物应视同内销征税</td></tr>
<tr><td>进料加工</td><td>免税</td></tr>
<tr><td>来料加工</td><td>免税</td></tr>
</table>

七、出口货物退（免）税的期限

退（免）税期限是指货物出口的行为发生后，申报办理出口退税的时间要求。它包括多长时间办理一次退税，以及在什么时间段内申报退税。

（1）出口企业应在货物报关出口之日［以出口货物报关单（出口退税专用）上注明的出口日期为准，下同］起90日内，向退税部门申报办理出口货物退（免）税手续。逾期不申报的，除另有规定和确有特殊原因经地市级以上税务机关批准的外，退税部门不再受理该笔出口货物的退（免）税申报。

（2）对中标机电产品和外商投资企业购买国产设备等其他视同出口货物的，应在购买产品的增值税专用发票的开票之日起90日内，向退税部门申报办理出口货物退（免）税手续。

小提示

对于出口企业出口货物纸质退税凭证丢失或内容填写有误，且按有关规定可以补办或更改的，出口企业可在申报期限内，向退税部门提出延期办理出口货物退（免）税申报的申请，经批准后，可延期3个月申报。

八、出口货物退（免）税的地点

退（免）税地点，是出口企业按规定申报退（免）税的所在地。按有关规定，出口货物退（免）税的地点可分为四种情况，具体如图8-4所示。

1. 外贸企业自营（委托）出口的货物，由外贸企业向所在地主管出口退税的税务机关申报办理
2. 生产企业自营（委托）出口的货物，报经主管征税的税务机关审核后，再向主管出口退税的税务机关申报办理
3. 出口企业在异地设立分公司的，总机构有出口权，分支机构是非独立核算的企业，一律汇总到总机构所在地办理退（免）税；经过外经贸部批准设立的独立核算的分支机构（且有自营出口权），可以在分支机构所在地申报办理退（免）税
4. 其他特准予以退税的出口货物，如外轮供应公司等销售给外轮、远洋国轮而收取外汇的货物等，由企业向所在地主管出口退税的税务机关申报办理退税

图8-4　出口货物退（免）税地点的四种情况

第二节　外贸企业出口退税核算

按照《出口货物退（免）税管理办法》的规定，出口企业出口的货物必须进行财务处理才能办理退税。

一、外贸企业涉及出口退税的主要明细账

外贸企业办理出口退税必须设置的明细账有库存出口商品账、自营出口销售账、应收（付）外汇账款明细账、应交增值税明细账等。

（一）库存出口商品账

库存出口商品账是核算企业盈亏情况的重要账册，是按商品代码、商品品名、记载数量、金额等设置的明细账，并以购进的出口货物增值税专用发票为做账依据。必须严格按照实际应付的全部款项扣除增值税专用发票上注明的增值税税款，作为商品的进价成本。在货物购进入库时，要按照相应的会计分录，在库存出口商品账各栏目逐栏记录。

（二）自营出口销售账

自营出口销售账是核算出口销售的重要依据，必须严格按制度规定（向银行办理交单的口径）核算销售收入。自营出口销售账是按商品代码、商品品名、销售成本、销售收入、金额等设置的，以出口企业开具的出口销售发票为做账依据。在货物报关出口后，必须及时做自营出口销售账。自营出口销售账的贷方反映收入部分，外币金额栏反映出口销售发票的外币金额，折美元金额栏反映美元金额数，人民币金额栏反映以出口发票外币金额乘以当日外汇人民币牌价计算的销售收入，此销售收入与实际收汇后用结汇水单上外汇人民币牌价计算的销售收入之差在“汇兑损益”科目反映，国外发生的运保费冲减自营出口销售收入。自营出口销售账的借方记出口货物的销售成本，进价栏反映不含税金额，费用栏为国内发生的出口费用，余额部分借为亏损，贷为毛利。

（三）应收（付）外汇账款明细账

应收（付）外汇账款明细账记载着企业应收或应付国外客户的出口货款、进口货款、佣

金等结算款项，以出口销售发票上所列的出口销售金额为做账依据，按不同的会计科目反映，如自营出口、自营进口、代理出口、代理进口。收汇、付汇商品种类较多的企业，还可根据合同号、发票号或客户再分设子目。借方记载企业应收或应付外汇及按汇率折合人民币的金额；贷方记载企业实际收取的外汇及按汇率折合人民币的金额；余额部分借代表企业未收的外汇，贷为企业多收的外汇。

（四）应交增值税明细账

外贸企业设置应交增值税明细账反映增值税的核算与缴纳情况，以购进出口货物的增值税专用发票为做账依据。外贸企业在“应交税费”科目下设置应交增值税明细科目；在应交增值税明细账中设置进项税额、已交税金、销项税额，出口退税、进项税额转出等栏目，分别记载有关金额。应交增值税明细账各专栏的记载内容如下：

（1）企业购入货物准予从销项税额中抵扣的增值税，按照增值税专用发票上注明的增值税记入“进项税额”栏，进口货物缴纳的增值税也记入“进项税额”栏。

（2）企业按规定已缴纳的增值税记入“已交税金”栏。

（3）企业内销货物的增值税记入“销项税额”栏。

（4）出口企业外销货物适用零税率，不记销项税金，并向税务机关申请退还出口货物的进项税，收到退税款后记入“出口退税”栏。

（5）“进项税额转出”栏反映以出口企业计税金额乘以征、退税率之差计算的不予退税部分。

（6）应交增值税明细账期末借方余额，反映出口企业多缴、尚未抵扣或出口未退税的增值税；期末贷方余额，反映出口企业尚未缴纳的增值税。

二、外贸企业出口应退增值税的计算

外贸企业出口货物、劳务的增值税退（免）税额，依下列公式计算：

（1）外贸企业出口委托加工、修理修配货物以外的货物：

$$\text{增值税应退税额}=\text{增值税退（免）税计税依据}\times\text{出口货物退税率}$$

（2）外贸企业出口委托加工、修理修配货物：

$$\begin{array}{c}\text{出口委托加工、修理修配}\\\text{货物的增值税应退税额}\end{array}=\begin{array}{c}\text{委托加工、修理修配的增}\\\text{值税退（免）税计税依据}\end{array}\times\begin{array}{c}\text{出口货物}\\\text{退税率}\end{array}$$

三、外贸企业出口应退消费税的计算

外贸企业收购的应税消费品出口，除退还其已纳的增值税外，还应退还其已纳的消费税。消费税的退税办法分别依据该消费税的征税办法确定，即退还消费品在生产环节实际缴纳的消费税。计算公式分别为：

（一）实行从价定率征收办法

应退消费税＝购进出口货物的进货金额×消费税税率

（二）实行从量定额征收办法

应退消费税＝出口数量×单位税额

（三）实行复合计税方法

应退消费税＝出口数量×定额税率＋出口销售额×比例税率

外贸企业委托加工收回的应税消费品出口，其应退消费税按上述公式计算确定，在同一关联号内出口及进货均不结余。

四、出口退税的会计分录

外贸企业从货物购进、出口到收到应退税款，必须完成以下会计分录：

（一）购进出口货物时

根据《企业会计准则》的规定，库存商品应当按照成本进行初始计量，存货成本包括采购成本、加工成本和其他成本。存货的采购成本包括购买价款、相关税费、运输费、装卸费、保险费以及其他可归属于存货采购成本的费用。

库存商品验收入库时，企业应编制如下会计分录：

借：库存商品

　　应交税费——应交增值税（进项税额）

　贷：银行存款或应付账款等科目

（二）销售出口货物的账务处理

销售出口货物的账务处理，如表8-5所示。

表8-5 销售出口货物的账务处理

序号	业务	账务处理
1	商品出口	借：应收账款——××客户 　贷：主营业务收入——出口收入
2	结转销售成本	借：主营业务成本——出口 　贷：库存商品
3	出口收汇	借：银行存款——人民币结算户 　　财务费用——汇兑损益 　贷：应收账款——××客户

小提示

银行收到出口企业全套出口单证经审核无误后，即按规定向国外银行办理收汇或托收手续。银行在收妥外汇后，即按当日现汇买入价折合人民币，开具结汇水单，将人民币转入出口企业账户。

五、出口货物退税的账务处理

外贸企业将出口货物的退税凭证（主要有出口货物报关单，出口发票，收汇核销单，增值税专用发票，出口货物增值税、消费税缴款书等，下同）收齐，并按要求装订成册，在填列“出口货物退（免）税申报表”后，按期向主管税务机关申报退税。

（一）申报出口退税

外贸企业申报出口退税时，应根据购进出口货物增值税专用发票注明的金额或出口货物增值税专用缴款书上注明的金额，按出口货物的退税率计算申报的应退增值税，根据出口货物消费税专用缴款书上注明的税款确定应退的消费税，并编制如下会计分录：

借：其他应收款——应收出口退税（增值税）
　　其他应收款——应收出口退税（消费税）
　贷：应交税费——应交增值税（出口退税）
　　　主营业务成本（消费税）

（二）申报出口货物退税手续后

出口企业申报出口货物退税手续后，应根据出口货物购进金额和出口货物征税率与退税率之差，计算出口货物不得退税的税额，同时编制如下会计分录：

借：主营业务成本

　贷：应交税费——应交增值税（进项税额转出）

（三）实际收到退税款

实际收到退税款时，企业应编制如下会计分录：

借：银行存款

　贷：其他应收款——应收出口退税（增值税）

　　其他应收款——应收出口退税（消费税）

（四）办理内销手续

对于不符合退税规定、退税凭证不全或其他原因造成无法退税的，应调整出口销售成本，并办理内销手续。企业对此应编制如下会计分录：

1.调整收入

借：主营业务收入——出口收入

　贷：主营业务收入——内销收入

　　应交税费——应交增值税（销项税额）

[注：销项税额=出口货物离岸价×外汇人民币牌价÷（1+法定增值税税率）]

2.冲减不予退的增值税、消费税

借：其他应收款——应收出口退税（增值税）（红字）

　其他应收款——应收出口退税（消费税）（红字）

　贷：应交税费——应交增值税（出口退税）（红字）

　　主营业务成本（消费税）（红字）

3.冲减增值税征退税率差额

借：主营业务成本（红字）

　贷：应交税费——应交增值税（进项税额转出）（红字）

（五）实际收到的出口退税如与原申报的退税数不相符

已申报退税的出口货物，如实际收到的出口退税与原申报的退税数不相符，应调整差额，编制如下会计分录：

借：主营业务成本

　贷：其他应收款——应收出口退税（增值税）

　　其他应收款——应收出口退税（消费税）

（六）补缴税款

已办理申报退税的出口货物，如发生退关或退货，出口企业应按规定到主管税务机关申报办理“出口商品退运已补税证明”，并根据主管税务机关规定的应补缴税款，编制如下会计分录：

1.冲减出口收入

借：应收账款——××客户（红字）

　贷：主营业务收入——出口收入（红字）

2.冲减出口销售成本

借：主营业务成本——出口（红字）

　贷：库存商品（红字）

3.补缴税款

借：应交税费——应交增值税（出口退税）

　主营业务成本（消费税）

　贷：主营业务成本（不予退税）（按征、退税率之差计算）

　　银行存款

某外贸企业（一般纳税人）向A公司购进商品一批，数量1 000只，单价100元，已验收入库，货款未支付，取得准予抵扣的增值税专用发票一份，注明的金额为10万元，注明的税额为1.3万元。该企业以一般贸易方式出口上述商品给美国的B公司，以FOB方式成交，出口单价20美元，离岸价为20 000美元，假设出口当月月初美元兑人民币中间价为1 ：6.5，该外汇款当月收到，并且办理了结汇手续，银行买入价为1 ：6.3。该商品的出口退税率为10%。

相应会计处理如下：

（1）购进商品。

借：库存商品——某商品　　100 000

　应交税费——应交增值税（进项税额）　　13 000

　贷：应付账款——A公司　　113 000

（2）出口商品并结转销售成本。

借：应收账款——B公司（US $20 000×6.5）　　130 000

　贷：主营业务收入——出口收入　　130 000

借：主营业务成本——出口　　100 000
　贷：库存商品　　100 000

（3）计算该出口商品的应退税额及征、退税率差额，并向税务机关申报出口退税。

借：其他应收款——应收出口退税（增值税）　　10 000
　贷：应交税费——应交增值税（出口退税）　　10 000

注：应收出口退税=购物的不含税金额×退税率=100 000×10%=10 000元

借：主营业务成本　　3 000
　贷：应交税费——应交增值税（进项税额转出）　　3 000

注：进项税额转出=购货的不含税金额×（征税率－退税率）

=100 000×（13%－10%）=3 000元

（4）根据银行结汇水单入账。

借：银行存款——人民币结算户　　126 000
　财务费用——汇兑损益　　4 000
　贷：应收账款——B公司　　130 000

（5）收到退税款时（根据银行收款通知单）。

借：银行存款　　10 000
　贷：其他应收款——应收出口退税（增值税）　　10 000

（6）假设由于质量问题，该批出口商品发生出口退运，经双方协商，将上述出口商品退回500只。

借：应收账款——B公司（500×US $20×6.5）　　65 000（红字）
　贷：主营业务收入——出口收入　　65 000（红字）

借：主营业务成本——出口　　50 000（红字）
　贷：库存商品——某商品（500×100）　　50 000（红字）

借：主营业务成本　　1 500（红字）
　贷：应交税费——应交增值税（进项税额转出）
　　[50 000×（13%－10%）]　　1 500（红字）

① 如未办理退税。

借：其他应收款——应收出口退税（增值税）（50 000×10%）5 000（红字）
　贷：应交税费——应交增值税（出口退税）　　5 000（红字）

② 已退税，须返纳时。

借：应交税费——应交增值税（出口退税）　　5 000
　贷：银行存款　　5 000

第三节　生产企业出口免抵退税核算

一、免抵退税会计科目的设置

出口货物免抵退税的核算，主要涉及“应交税费——应交增值税”“应交税费——未交增值税”和“其他应收款”等会计科目。

（一）“应交税费——应交增值税”科目的核算内容

出口企业（仅指增值税一般纳税人，下同）应在“应交税费”科目下设置“应交增值税”明细科目，具体如图8-5所示。

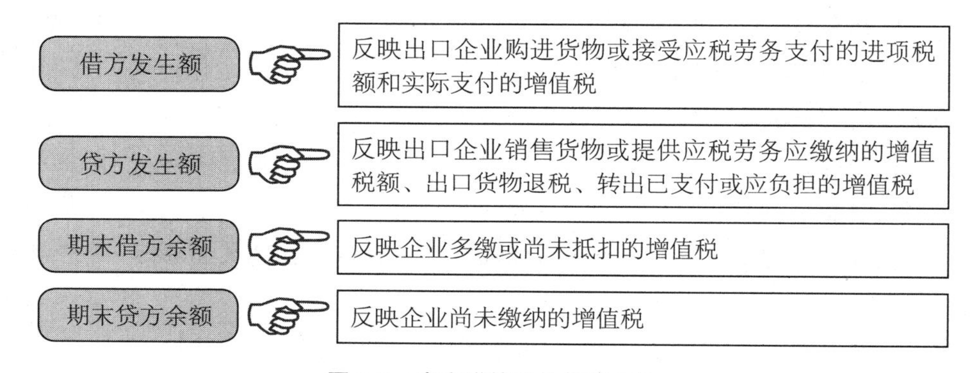

图8-5　应交增值税的借贷方法

出口企业在“应交增值税”明细账中，应设置“进项税额”“已交税金”“减免税金”“出口抵减内销产品应纳税额　”“销项税额”“出口退税”“进项税额转出”等专栏，具体核算内容如表8-6所示。

表8-6　“应交税费——应交增值税”科目的核算内容

序号	专栏名称	核算内容
1	进项税额	记录出口企业购进货物或接受应税劳务而支付的准予从销项税额中抵扣的增值税。出口企业购进货物或接受应税劳务支付的进项税额，用蓝字登记；退回所购货物应冲销的进项税额，用红字登记
2	已交税金	核算出口企业当月缴纳本月的增值税额。企业缴纳当期增值税时借记本科目，贷记“银行存款”
3	减免税金	反映出口企业按规定直接减免的增值税税额。企业按规定直接减免的增值税税额借记本科目，贷记“营业外收入”等科目

续表

序号	专栏名称	核算内容
4	出口抵减内销产品应纳税额	反映出口企业销售出口货物后，向税务机关办理免抵退税申报手续，按规定计算的应免抵税额，借记本科目，贷记“应交税费——应交增值税（出口退税）”
5	转出未交增值税	核算出口企业月终转出应缴未缴的增值税。月末，企业“应交税费——应交增值税”明细账出现贷方余额时，根据余额借记本科目，贷记“应交税费——未交增值税”
6	销项税额	记录出口企业销售货物或提供应税劳务收取的增值税额。出口企业销售货物或提供应税劳务应收取的增值税额，用蓝字登记；退回销售货物应冲销的销项税额，用红字登记。现行出口退税政策规定，实行免抵退税的生产企业出口货物的销售收入不计征销项税额，对经审核确认不予退税的货物应按规定征税率计征销项税额
7	出口退税	记录出口企业出口的货物，实行免抵退税方法时，在向海关办理报关出口手续后，凭出口报关单等有关凭证，向税务机关申报办理出口退税而应收的出口退税款以及应免抵税款。出口货物退回的增值税额，用蓝字登记；出口货物办理退税后发生退货或退关而补缴已退的税款，用红字登记。出口企业当期按规定确定应退税额、应免抵税额后，借记“其他应收款——应收出口退税（增值税）”“应交税费——应交增值税（出口抵减内销产品应纳税额）”，贷记本科目
8	进项税额转出	记录出口企业原材料、在产品、产成品等发生非正常损失，以及《增值税暂行条例》规定的免税货物和出口货物免税等不应从销项税额中抵扣，应按规定转出的进项税额。按税法规定，对出口货物不予抵扣税额的部分，应在借记“主营业务成本”的同时，贷记本科目。企业在核算出口货物免税收入的同时，对出口货物免税收入按征、退税率之差计算出的“不予抵扣税额”，借记“主营业务成本”，贷记本科目，当月“不予抵扣税额”累计发生额应与本月申报的“生产企业出口货物免税明细申报表”中的“不予抵扣或退税的税额”合计数一致。出口企业收到主管税务机关出具的“生产企业进料加工贸易免税证明”和“生产企业进料加工贸易免税核销证明”后，按证明上注明的“不予抵扣税额抵减额”，用红字贷记本科目，同时以红字借记“主营业务成本”。生产企业发生国外运保佣费用时，按出口货物征、退税率之差分摊计算，并冲减“不予抵扣税额”，用红字贷记本科目，同时以红字借记“主营业务成本”
9	转出多交增值税	核算出口企业月终转出多缴的增值税。月末企业“应交税费——应交增值税”明细账出现借方余额时，根据余额借记“应交税费——未交增值税”，贷记本科目

（二）“应交税费——未交增值税”科目的核算内容

出口企业还必须设置“应交税费——未交增值税”明细科目，并建立明细账。月度终了时，要做图8-6所示的会计处理。

月末，本科目借方余额反映的是企业期末结转下期继续抵扣的进项税额（即留抵税额或专用税票预缴等多缴税款），贷方余额反映的是期末结转下期应缴的增值税。

处理一	将本月应缴未缴增值税自“应交税费——应交增值税”明细科目转入本科目，借记“应交税费——应交增值税（转出未交增值税）”，贷记本科目
处理二	将本月多缴的增值税自“应交税费——应交增值税（转出多交增值税）”明细科目转入本科目，借记本科目，贷记“应交税费——应交增值税（转出多交增值税）”
处理三	本月缴纳上期应缴未缴的增值税，借记本科目，贷记“银行存款”科目

图8-6　月度终了的会计处理

小提示

生产企业实行免抵退税时，退税的前提必须是计算退税的当期应纳增值税为负，也就是说当期必须有未抵扣完的进项税额。而当期未抵扣完的进项税额在月末应从“应交税费——应交增值税（转出多交增值税）”明细科目转入本科目，退税实际上退的是本科目借方余额中的一部分。在出口退税的处理上，计算应退税时，借记“其他应收款”，贷记“应交税费——应交增值税（出口退税）”；收到退税时，借记“银行存款”，贷记“其他应收款”。

（三）“其他应收款”科目的核算内容

“其他应收款”科目，借方反映出口企业销售出口货物后，按规定向税务机关办理免抵退税申报手续时，所计算得出的应退税额，企业必须设置明细账页进行明细核算。

生产企业出口货物应免抵税额、应退税额和不予抵扣税额等的会计处理，按财会字〔1995〕21号《财政部关于调低出口退税率后有关会计处理的通知》总述如下：

借：其他应收款——应收出口退税（增值税）

　　应交税费——应交增值税（出口抵减内销产品应纳税额）

　　主营业务成本

　　贷：应交税费——应交增值税（出口退税）

　　　　　　　　——应交增值税（进项税额转出）

二、免抵退税的会计核算

（一）购进货物的会计核算

1.采购国内原材料

采购国内原材料的价款和运杂费计入采购成本，增值税专用发票上注明的增值税额计入进项税额，根据供货方的有关票据，企业应编制如下会计分录：

借：材料采购

　　应交税费——应交增值税（进项税额）

　贷：银行存款（应付账款等）

原材料入库时，企业应根据入库单编制如下会计分录：

借：原材料

　贷：材料采购

2.进口原材料

进口分自营进口、委托代理进口，贸易方式又分进料加工、一般贸易和来料加工（合同约定作价）等。这里只以进料加工为例，其他贸易方式（除原材料账二级科目为相应贸易外）的账务处理与进料加工相同，具体如图8-7所示。

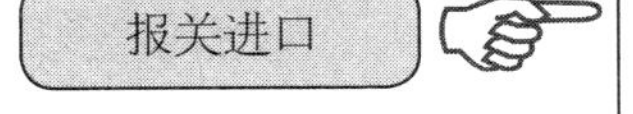

（1）出口企业应根据进口合约规定，凭全套进口单证，编制如下会计分录：

借：材料采购——进料加工（××材料）

　贷：应付账款——应付外汇账款（或银行存款）

（2）支付上述进口原辅料件的各项目内直接费用，企业应编制如下会计分录：

借：材料采购——进料加工（××材料）

　贷：银行存款

（3）货到口岸时，计算应纳进口关税或消费税，企业应编制如下会计分录：

借：材料采购——进料加工（××材料）

　贷：应交税费——应交进口关税

　　　　　　——应交进口消费税

缴纳进口料件的税金

（1）出口企业应根据海关出具的完税凭证，编制如下会计分录：

借：应交税费——应交进口关税

　　　　　——应交进口增值税

　　　　　——应交增值税（进项税额）

　贷：银行存款

（2）按税法规定，无须缴纳进口关税、增值税的企业，不需要编制应交税费的上述会计分录

进口料件入库后，财务部门应凭储运或业务部门开具的入库单，编制如下会计分录：

借：原材料——进料加工（××商品）

　贷：材料采购——进料加工（××商品）

图8-7　进口原材料的会计处理

3. 委托加工产品的会计处理

（1）委托加工材料发出时，出口企业凭加工合同和发料单编制如下会计分录：

借：委托加工物资

贷：原材料

（2）根据委托加工合同支付加工费，凭加工企业的加工费发票和有关结算凭证，出口企业应编制如下会计分录：

借：委托加工物资

应交税费——应交增值税（进项税额）

贷：银行存款（应付账款）

（3）委托加工产品收回，可直接对外销售的，出口企业凭入库单编制如下会计分录：

借：产成品

贷：委托加工物资

还需要继续生产或加工的，出口企业凭入库单编制如下会计分录：

借：原材料

贷：委托加工物资

（二）销售业务的会计核算

1. 内销货物处理

借：银行存款（应收账款）

贷：主营业务收入

应交税费——应交增值税（销项税额）

2. 自营出口销售

销售收入以及不予抵扣的税额在记账时，先以外销发票注明的离岸价格为依据。

（1）一般贸易的核算

一般贸易的会计核算，如图8-8所示。

（2）进料加工贸易的核算

企业在记载业务收入账时，原则上要将一般贸易与进料加工贸易通过二级科目分开来进行明细核算，核算方法与一般贸易相同。但是，对进料加工贸易的进口料件要按每期进料加工贸易的复出口销售额和计划分配率计算“免税核销进口料件组成的计税价格”，向主管税务机关申请开具“生产企业进料加工贸易免税证明”，在海关核销后申请开具“生产企业进料加工贸易免税核销证明”，确定进料加工的“不予抵扣税额抵减额”。

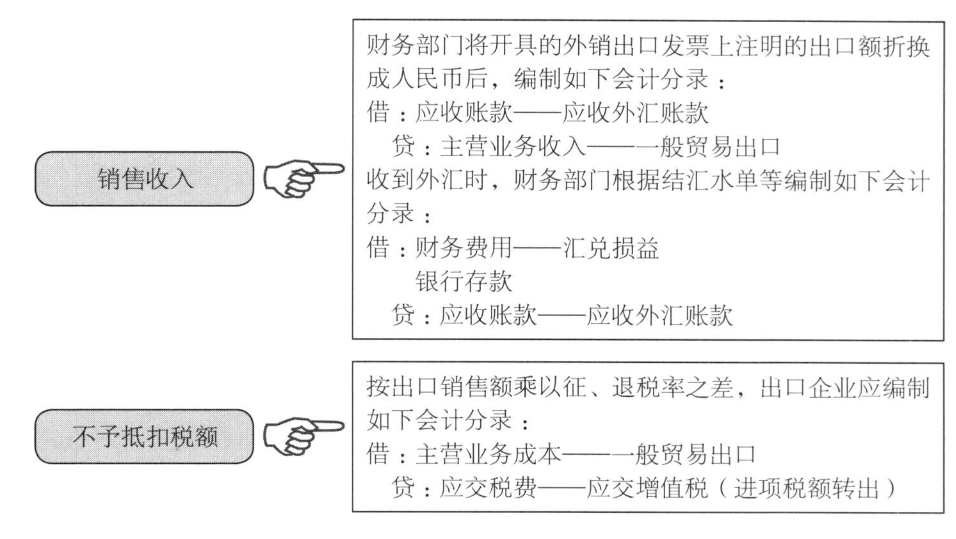

图8-8 一般贸易的会计核算

① 出口企业收到主管税务机关的“生产企业进料加工贸易免税证明”后，依据注明的“不予抵扣税额抵减额”，编制如下会计分录：

借：主营业务成本——进料加工贸易出口（红字）

贷：应交税费——应交增值税（进项税额转出）（红字）

② 在一份进料加工手册执行完毕后，如果实际执行情况与手册情况有差异，也必须进行账务调整。在税收机关核实后，企业对补开的“不予抵扣税额抵减额”，编制如下会计分录：

借：主营业务成本——进料加工贸易出口（红字）

贷：应交税费——应交增值税（进项税额转出）（红字）

对多开的部分，通过核销冲回，以蓝字登记以上会计分录。

3.委托代理出口

生产企业委托代理出口时，应编制如下会计分录：

借：应收账款等

主营业务成本（代理手续费）

贷：主营业务收入

（三）应纳税额的会计核算

根据现行政策规定，免抵退税企业出口应税消费品免征消费税、增值税，应按以下公式计算：

当期应纳税额=当期内销货物的销项税额－（当期全部进项税额－当期不予抵扣或退税的税额）－上期未抵扣完的进项税额

（1）如当期应纳税额大于零，月末财务部门应编制如下会计分录：

借：应交税费——应交增值税（转出未交增值税）

贷：应交税费——未交增值税

（2）如当期应纳税额小于零，月末财务部门应编制如下会计分录：

借：应交增值税——未交增值税

贷：应交税费——应交增值税（转出多交增值税）

（四）免抵退税的会计核算

出口企业应免抵税额、应退税额的核算是在办理退税申报时，根据“生产企业出口货物免抵退税汇总申报表”上单证齐全的申报数进行处理的。

（1）按当期“生产企业出口货物免抵退税汇总申报表”上单证齐全的申报数，分三种情况进行会计处理，具体如表8-7所示。

表8-7　三种情况的会计处理

序号	情况	会计分录
1	申报的应退税额=0，申报的应免抵税额＞0时	借：应交税费——应交增值税（出口抵减内销产品应纳税额）（即申报的应免抵税额） 贷：应交税费——应交增值税（出口退税）
2	申报的应退税额＞0，且免抵税额＞0时	借：其他应收款——应收出口退税（增值税）（申报的应退税额） 应交税费——应交增值税（出口抵减内销产品应纳税额）（即申报的应免抵税额） 贷：应交税费——应交增值税（出口退税）
3	申报的应退税额＞0，申报的免抵税额=0时	借：其他应收款——应收出口退税（增值税）（申报的应退税额） 贷：应交税费——应交增值税（出口退税）

（2）企业在收到出口退税款时，应编制如下会计分录：

借：银行存款

贷：其他应收款——应收出口退税（增值税）

三、免抵退税的会计调整

（一）退（免）税审批结果的会计调整

出口货物退（免）税的审批结果与账务处理不一致需要调整的，分以下几种情况：

1. 终审金额小于入账金额

调减“免抵退税额”，企业应编制如下会计分录：

借：应交税费——应交增值税（出口抵减内销产品应纳税额）（红字）

　贷：应交税费——应交增值税（出口退税）（红字）

2. 终审金额大于入账金额

调增“免抵退税额”，企业应编制如下会计分录：

借：应交税费——应交增值税（出口抵减内销产品应纳税额）

　贷：应交税费——应交增值税（出口退税）

3. “免抵退出口货物的应退税额”栏目与审批数有差异

出口企业在退税申报的当期按申报数已做会计处理，在免抵退终审后发现差异的，会导致退税部门批准的“免抵退出口货物的应退税额”与生产企业在“增值税纳税申报表”中反映的“免抵退出口货物的应退税额”存在差异。因此，对于批准数大于申报数的，出口企业应按未进行会计处理的批准数补做相应的会计分录，调增应退税额等科目。对故意拖延入账时间不进行账务处理的，按《中华人民共和国税收征收管理办法》进行处理；对于批准数小于申报数的，冲减已做的会计分录，多申报的部分在纳税申报时进行扣减。

4. “不予抵扣税额抵减额”栏目与审批数有差异

一个年度内主管税务机关已出具的“进料加工贸易免税证明”或“进料加工贸易免税核销证明”上的“不予抵扣税额抵减额”，与生产企业在“增值税纳税申报表”中反映的“不予抵扣税额抵减额”累计数有差异的，应调整以前年度损益，补缴已退税款（批准数 < 申报数），或在下期追加申报“不予抵扣税额抵减额”（批准数 > 申报数）。

“不予抵扣税额抵减额”栏目与审批数有差异的会计处理，如图8-9所示。

批准数<申报数

应补缴税金＝“增值税纳税申报表”中“不予抵扣税额抵减额”的累计数－当年退税部门批准的“不予抵扣税额抵减额”。根据以上结果，企业应编制如下会计分录：

借：以前年度损益调整

　贷：应交税费——未交增值税

对由于调减以前年度利润而减少的所得税，企业应编制如下会计分录：

借：应交税费——应交所得税

　贷：以前年度损益调整

结转“以前年度损益调整”科目时，企业应编制如下会计分录：

借：利润分配——未分配利润

　贷：以前年度损益调整

补税时，应编制如下会计分录：

借：应交税费——未交增值税

　贷：银行存款

图8-9

批准数＞申报数

按差额部分编制如下会计分录： 借:应交税费——未交增值税(红字) 贷：以前年度损益调整 对由于调增以前年度利润而增加的所得税，企业应编制如下会计分录： 借：以前年度损益调整 贷：应交税费——应交所得税	结转“以前年度损益调整”科目时，企业应编制如下会计分录： 借：以前年度损益调整 贷：利润分配——未分配利润

图8-9 “不予抵扣税额抵减额”栏目与审批数有差异的会计处理

（二）计提销项税额的会计调整

根据财税〔2004〕116号文件第二条计提销项税的会计调整的规定，计算销项税额的公式为：

销项税额=（出口货物离岸价格×外汇人民币牌价）÷（1+法定增值税税率）×法定增值税税率

账务处理要求如下：

（1）对于应征增值税出口额，企业应编制如下会计分录：

借：应收账款——应收外汇账款

贷：主营业务收入——××贸易出口

应交税费——应交增值税（销项税额）

在当期计算应纳税额时，企业应编制如下会计分录：

借：应交税费——应交增值税（已交税金）

贷：银行存款

（2）对于应征收消费税的货物，企业应编制如下会计分录：

借：主营业务税金及附加

贷：应交税费——应交消费税

借：应交税费——应交消费税

贷：银行存款

出口企业已按规定计算免抵退税不得免征和抵扣税额并已转成本的，可从成本科目中转入进项税额科目。

（三）退关、退运免抵税额的会计调整

生产企业出口货物在报关出口后发生退关、退运的，应向退税部门申请办理“出口商品

退运已补税证明”，退税部门会根据退运出口货物离岸价计算调整已免抵退税款。已确认收入的销售产品退回，一般情况下直接冲减退回当月的销售收入、销售成本等。已申报免税或退税的，还要进行相应的免抵退税调整，具体如图8-10所示。

情况一

（1）业务部门收到对方提运单，并由储运部门办理接货及验收、入库等手续后，财务部门应凭退货通知单按原出口金额编制如下会计分录：
借：主营业务收入——一般贸易出口（红字）
贷：应收账款——应收外汇账款（红字）
（2）对于已退货物的原运保佣费用，以及退货费用的处理，财务部门应编制如下会计分录：
借：待处理财产损益
贷：主营业务收入——一般贸易出口（原运保佣部分）
银行存款（退货发生的一切国内、外费用）
经批准后，财务部门应编制如下会计分录：
借：营业外支出
贷：待处理财产损益

情况二

应调整免抵退税金＝退运出口货物离岸价 × 外汇人民币牌价 × 退税率
（1）不予抵扣税额的调整。部分退货的，按退货数量进行分摊，在冲减出口销售收入的同时，编制如下会计分录：
借：主营业务成本——一般贸易出口（红字）
贷：应交税费——应交增值税（进项税额转出）（红字）
（2）免抵税额的调整。企业在向主管税务机关申请开具“退运税收已调整证明”时，按照批准的“应调整免抵退税额”进行免抵税额调整或补税，调整免抵税额的会计分录如下：
借：应交税费——应交增值税（出口抵减内销产品应纳税额）（红字）
贷：应交税费——应交增值税（出口退税）（红字）
如果原出口货物没有“免抵税额”，只有“应退税额”，要进行补税，企业对此应编制如下会计分录：
借：应交税费——未交增值税
贷：银行存款

图8-10 免抵退税调整的情况

（四）消费税应税出口货物的会计调整

如果出口货物为应税消费品，在计算调整已免抵增值税税款的同时，还应补缴已免征的消费税税款。

小提示

涉及消费税补税的情况主要有：退关退货、海关电子信息核对不一致、出口后超过法定期限未申报退税等。

1. 从价定率征收的应税消费品

应补缴消费税金=出口货物离岸价×外汇人民币牌价×消费税税率

生产企业根据主管税务机关的调整意见，补征消费税，并编制如下会计分录：

借：主营业务税金及附加

　贷：应交税费——应交消费税

借：应交税费——应交消费税

　贷：银行存款

2. 从量定额征收的应税消费品

应补缴消费税金＝出口销售数量×单位税额

有关会计调整，如果跨年度且涉及以前年度利润调整事项的，或未说明的，要按“以前年度损益调整”科目进行会计核算。

外贸企业的会计报表

【本章要点】

- 财务报表
- 对外报表的编制
- 对内报表

第一节　财务报表

财务报表是对企业财务状况、经营成果和现金流量的结构性表述。企业编制财务报表的目的是向财务报表使用者提供与企业财务状况、经营成果和现金流量等有关的会计信息，反映企业管理层受托责任的履行情况，这有助于财务报表使用者做出经济决策。财务报表使用者通常包括投资者、债权人、政府、有关部门和社会公众等。

一、财务报表的组成

一套完整的财务报表，至少应当包括资产负债表、利润表、现金流量表、所有者权益（或股东权益，下同）变动表及附注。

（一）资产负债表

资产负债表是对外报送的主要会计报表之一，是为了满足国家宏观经济管理部门、投资者、债权人及其他有关信息者对企业财务状况信息的需求，以会计账户余额为基础编制的静态报表。

（二）利润表

利润表是对外报送的主要报表之一，利润表可以从总体上反映企业在一定会计期间收入、费用、利润（或亏损）的数额及构成情况；同时，通过对利润表提供的不同时期的数字进行比较（本期金额和上期金额），可以帮助财务报表使用者全面了解企业的经营成果，分析企业的获利能力及盈利增长趋势，了解投资者投入资本的保值、增值情况，从而为其经济决策提供依据。

（三）现金流量表

现金流量表可以对资产负债表和利润表中未反映的内容进行补充。资产负债表反映某一时间点企业的财务状况，但不能反映财务状况的变动情况及变动原因。利润表是按权责发生制来反映企业的经营成果，与现金变化存在着差异。

现金流量表不仅能够列报企业已经发生的现金流入和现金流出项目，反映一定时期内现金的变化，而且能够说明现金变化的原因，帮助决策者预测企业未来的现金流量，对企业的偿债能力、支付能力和对外筹资能力作出进一步评价。

（四）所有者权益变动表

反映所有者权益各组成部分当期的增减变动情况。企业的净利润及其分配情况是所有者权益变动的组成部分，相关信息已经在所有者权益变动表及附注中反映，企业不需要再单独编制利润分配表。

（五）附注

附注是财务报表不可或缺的组成部分，是资产负债表、利润表、现金流量表和所有者权益变动表等报表中列示项目的文字描述或明细资料，以及对未能在这些报表中列示项目的说明等。

二、财务报表的分类

财务报表可以按照不同的标准进行分类，如图9-1、图9-2所示。

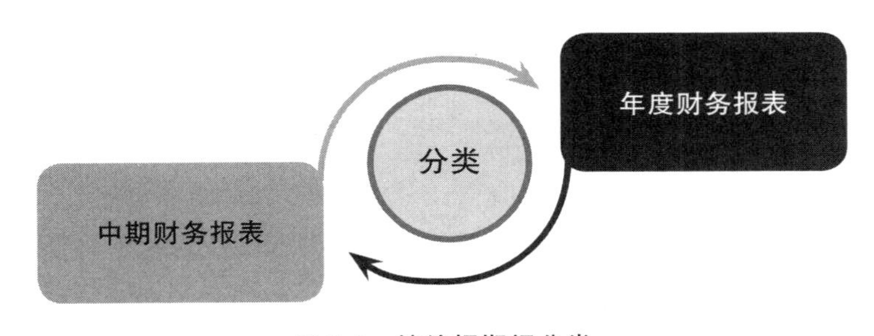

图9-1 按编报期间分类

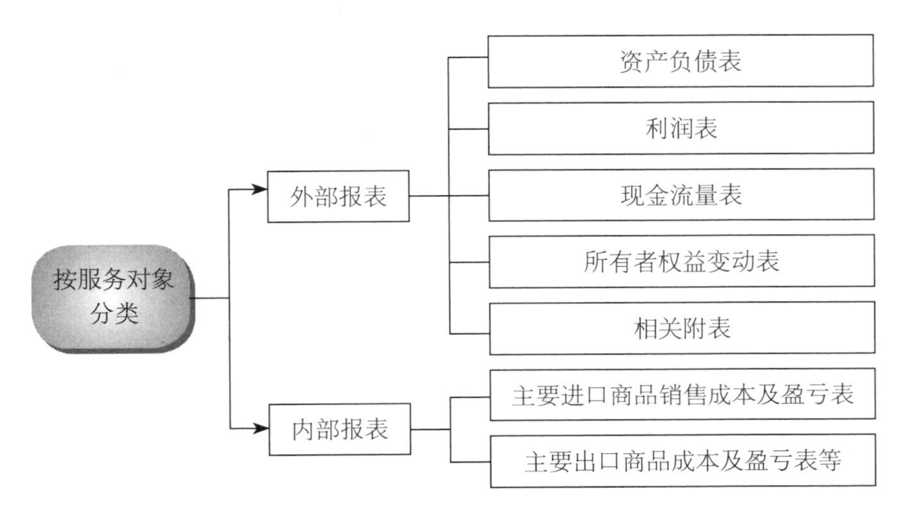

图9-2 按服务对象分类

第二节　对外报表的编制

一、资产负债表

资产负债表是指反映企业某一特定日期财务状况的报表。通过资产负债表，可以反映企业在某一特定日期所拥有或控制的经济资源、所承担的现时义务和所有者对净资产的要求权，以帮助财务报表使用者全面了解企业的财务状况，分析企业的偿债能力等情况，从而为其做出经济决策提供依据。

（一）资产负债表的内容

资产负债表的内容主要包括以下三个方面：

1.资产

（1）资产负债表中列示的流动资产项目通常包括货币资金、交易性金融资产、应收票据、应收账款、预付账款、应收利息、应收股利、其他应收款、存货和一年内到期的非流动资产等。

（2）资产负债表中列示的非流动资产项目通常包括长期股权投资、固定资产、在建工程、工程物资、固定资产清理、无形资产、开发支出、长期待摊费用及其他非流动资产等。

2.负债

（1）资产负债表中列示的流动负债通常包括短期借款、应付票据、应付账款、预收账款、应付职工薪酬、应交税费、应付利息、应付股利、其他应付款、一年内到期的非流动负债等。

（2）非流动负债通常包括长期借款、应付债券和其他非流动负债等。

3.所有者权益

所有者权益一般按照实收资本（或股本）、资本公积、盈余公积和未分配利润分项列示。

（二）资产负债表的格式

资产负债表的格式有账户式和报告式两种。

1.账户式

账户式资产负倒债表见表9-1。

表 9-1　资产负债表（账户式）

会企 01 表

编制单位：　　　　　　　　　年　　月　　日　　　　　　　　　单位：元

资产	期末余额	年初余额	负债及所有者权益	期末余额	年初余额
流动资产：			流动负债：		
货币资金			短期借款		
交易性金融资产			交易性金融负债		
应收票据			应付票据		
应收账款			应付账款		
预付账款			预收账款		
应收利息			应付职工薪酬		
应收股利			应交税费		
其他应收款			应付利息		
存货			应付股利		

2. 报告式

报告式资产负债表见表 9-2。

表 9-2　资产负债表（报告式）

编制企业：　　　　　　　　　年　　月　　日　　　　　　　　　单位：

项目		年初余额	期末余额
资产			
资产总计			
负债			
所有者权益			
负债和所有者权益总计			

（三）资产负债表的填列方法

1. “年初余额”的填列方法

资产负债表“年初余额”栏内各项数字，应根据上年末资产负债表的“期末余额”栏内所列数字填列。

如果上年度资产负债表规定的各项目名称和内容与本年度不一致，应对上年末资产负债表各项目的名称和数字按照本年度的规定进行调整，并填入表中“年初余额”栏内。

2.“期末余额”的填列方法

我国企业资产负债表各项目数据，主要通过五种方式取得，如图9-3所示。

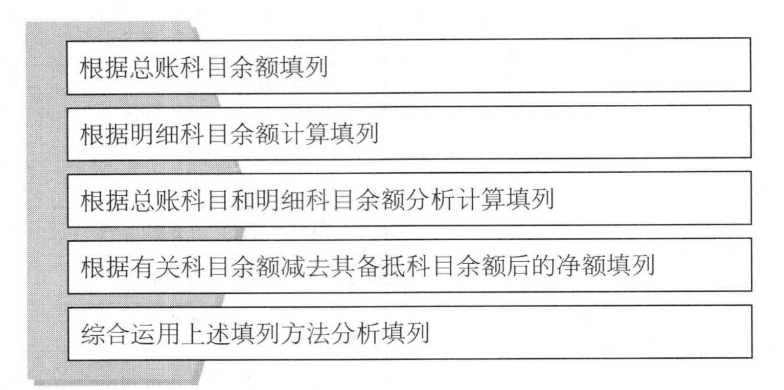

图9-3　我国企业资产负债表各项目数据的来源

3.主要项目填列说明

主要项目填列说明，见表9-3。

表9-3　主要项目填列说明

序号	项目	说明
1	货币资金	应根据“库存现金”“银行存款”“其他货币资金”账户期末余额的合计数填列
2	交易性金融资产	应根据“交易性金融资产”账户的期末余额填列
3	应收票据	应根据“应收票据”账户的期末余额填列
4	应收股利	应根据“应收股利”账户的期末余额，减去“坏账准备”账户中有关应收股利计提的坏账准备期末余额后的金额填列
5	应收利息	应根据“应收利息”账户的期末余额，减去“坏账准备”账户中有关应收利息计提的坏账准备期末余额后的金额填列
6	应收账款	应根据“应收账款”和“预收账款”账户所属各明细账户的期末借方余额合计数，减去“坏账准备”账户所属“应收账款”明细账户期末余额后的金额填列
7	预付账款	应根据“预付账款”和“应付账款”账户所属各明细账户的期末借方余额合计数金额填列
8	其他应收款	应根据“应收出口退税”和“其他应收款”账户的期末余额，减去坏账准备账户中有关其他应收款计提的坏账准备期末余额后的金额填列

续表

序号	项目	说明
9	存货	应根据“材料采购”“原材料”“发出商品”“库存商品”“周转材料”“委托加工物资”“委托代销商品”等账户的期末余额合计，减去“受托代销商品款”“存货跌价准备”账户期末余额后的金额填列。材料采用计划成本核算、库存商品采用计划成本核算或售价核算的企业，还应按加或减材料成本差异、商品进销差价后的金额填列
10	一年内到期的非流动资产	应根据“其他债权投资”“长期应收款”账户所属有关明细账户的期末余额分析填列
11	长期股权投资	应根据“长期股权投资”账户的期末余额，减去“长期股权投资减值准备”账户的期末余额后的金额填列
12	固定资产	应根据“固定资产”账户的期末余额，减去“累计折旧”和“固定资产减值准备”账户期末余额后的金额填列
13	在建工程	应根据“在建工程”账户的期末余额，减去“在建工程减值准备”账户期末余额后的金额填列
14	工程物资	应根据“工程物资”账户的期末余额填列
15	固定资产清理	应根据“固定资产清理”账户的期末借方余额填列。如“固定资产清理”账户期末为贷方余额，以“-”号填列
16	无形资产	应根据“无形资产”账户的期末余额，减去“累计摊销”和“无形资产减值准备”账户期末余额后的金额填列
17	开发支出	应根据“开发支出”账户中所属的资本化支出明细账户期末余额填列
18	长期待摊费用	应根据“长期待摊费用”账户的期末余额填列
19	短期借款	应根据“短期借款”账户的期末余额填列
20	应付票据	应根据“应付票据”账户的期末余额填列
21	应付账款	应根据“应付账款”和“预付账款”科目所属各明细账户的期末贷方余额合计数金额填列
22	预收账款	应根据“预收账款”和“应收账款”科目所属各明细科目的期末贷方余额合计数金额填列
23	应付职工薪酬	反映企业根据有关规定应付给职工的工资、职工福利、社会保险费、住房公积金、工会经费、职工教育经费、非货币性福利、辞退福利等各种薪酬。外商投资企业按规定从净利润中提取的职工奖励及福利基金也在列示。应根据“应付职工薪酬”账户的期末余额填列
24	应交税费	应根据“应交税费”账户的期末贷方余额填列。如“应交税费”账户期末为借方余额，应以“-”号填列
25	应付利息	应根据“应付利息”账户的期末余额填列
26	应付股利	应根据“应付股利”账户的期末余额填列
27	其他应付款	应根据“其他应付款”账户的期末余额填列

续表

序号	项目	说明
28	长期借款	应根据“长期借款”账户的期末余额填列
29	应付债券	应根据“应付债券”账户的期末余额填列
30	一年内到期的非流动负债	反映企业非流动负债中将于资产负债表日后1年内到期部分的金额，应根据“长期借款”“应付债券”“长期应付款”账户所属明细账户余额中将于1年内到期的金额之和计算填列
31	实收资本（或股本）	应根据“实收资本（或股本）”账户的期末余额填列
32	资本公积	应根据“资本公积”账户的期末余额填列
33	盈余公积	应根据“盈余公积”账户的期末余额填列
34	未分配利润	在编制中期会计报表时，应根据“本年利润”科目和“利润分配”账户的余额计算填列。在编制年度会计报表时，该项目应根据“利润分配——未分配利润”账户的余额直接填列，也可以利用表间钩稽关系从所有者权益变动表（或股东权益变动表）中得到。若为累计未弥补的亏损，以“−”号填列

实例1

某外贸公司为增值税一般纳税人，适用的增值税税率为13%，所得税税率为25%。2021年12月31日的资产负债表（简表）见下表。

资产负债表（简表）

编制单位：×× 进出口公司　　2021 年 12 月 31 日　　单位：元

资产	年末数	负债和所有者权益	年末数
流动资产：		流动负债：	
货币资金	2 334 000	短期借款	2 020 000
交易性金融资产	100 000	应付账款	500 000
应收票据	120 000	应付票据	182 000
应收账款	250 000	应付职工薪酬	8 000
其他应收款	0	应交税费	26 000
存货	430 000	应付利息	0
应收股利	16 000	一年内到期的非流动负债	0
一年内到期的非流动资产	0	流动负债合计	2 736 000

续表

资产	年末数	负债和所有者权益	年末数
流动资产合计	3 250 000	非流动负债：	
非流动资产：		长期借款	100 000
债权投资		应付债券	0
长期股权投资	0	非流动负债合计	100 000
固定资产	1 380 000	负债合计	2 836 000
在建工程	0	所有者权益：	
工程物资	0	实收资本	1 190 000
固定资产清理	0	资本公积	184 000
无形资产	0	盈余公积	26 000
长期待摊费用	6 000	未分配利润	400 000
非流动资产合计	1 386 000	所有者权益合计	1 800 000
资产总计	4 636 000	负债及所有者权益合计	4 636 000

会计人员根据2022年1月份所登记的会计账簿记录及其他记录，整理出2022年1月份总账及有关明细账余额，见下表。

科目余额表

单位：元

项目	借方余额	项目	贷方余额
库存现金	7 000	坏账准备	3 000
银行存款	1 660 000	累计折旧	820 000
其他货币资金	456 620	短期借款	1 400 000
交易性金融资产	100 000	应付票据	264 000
应收账款	400 000	应付账款	200 000
应收外汇账款	664 000	应付外汇账款	184 000
其他应收款	2 000	其他应付款	24 000
应收出口退税	10 000	应付职工薪酬	40 600
在途物资	76 000	应交税费	49 600
原材料	150 000	长期外汇借款	620 000
库存商品	1 000 800	实收资本	4 000 000
长期股权投资	500 000	资本公积	184 000
固定资产	3 100 000	盈余公积	26 000

续表

项目	借方余额	项目	贷方余额
无形资产	84 000	未分配利润	415 220
长期待摊费用	20 000		
合计	8 230 420	合计	8 230 420

根据《企业会计准则第30号——财务报表列报》的有关规定，企业会计人员编制的资产负债表见下表（部分）。

资产负债表

会企 01 表

编制单位：×× 进出口公司　　2021 年 12 月 31 日　　单位：元

资产	期末余额	年初余额	负债及所有者权益	期末余额	年初余额
流动资产：			流动负债：		
货币资金	2 123 620	2 334 000	短期借款	1 400 000	2 020 000
交易性金融资产	100 000	100 000	交易性金融负债	0	0
应收票据	0	120 000	应付票据	264 000	182 000
应收账款	1 061 000	250 000	应付账款	384 000	500 000
预付账款	0	0	预收账款	0	0
应收利息	0	0	应付职工薪酬	40 600	8 000
应收股利	0	16 000	应交税费	49 600	26 000
其他应收款	12 000	0	应付利息	0	0
存货	1 226 800	430 000	应付股利	0	0
一年内到期的非流动资产	0	0	其他应付款	24 000	0
其他流动资产	0	0	一年内到期的非流动负债	0	0
流动资产合计	4 523 420	3 250 000	其他流动负债	0	0
非流动资产：			流动负债合计	2 162 200	2 736 000
			非流动负债：		
债权投资			长期借款	620 000	100 000

二、利润表

利润表是总括反映企业在一定时期（月份、季度、年度）经营成果的报表。它是根据“收入－费用＝利润”这一等式，把一定期间的收入与其同一会计期间相关的费用进行配比，计算出企业一定时期的净利润（或净亏损）。

利润表是通过一定的表格来反映企业的经营成果的，目前比较普遍的利润表的格式有多步式和单步式两种。根据《企业会计准则第30号——财务报表列表》的相关解释规定，我国企业的利润表采用多步式格式，见表9-4。

表9-4　利润表

会企02表

编制单位：　　　　　　　　　　年　　月　　日　　　　　　　　　　单位：元

项目	本期金额	上期金额
一、营业收入		
减：营业成本		
营业税金及附加		
销售费用		
管理费用		
财务费用		
加：公允价值变动收益（损失以“-”号填列）		
投资收益（损失以“-”号填列）		
其中：对联营企业和合营企业的投资收益		
资产减值损失		
资产处置收益		
二、营业利润（亏损以“-”号填列）		
加：营业外收入		
减：营业外支出		
三、利润总额（亏损总额以“-”号填列）		
减：所得税费用		
四、净利润（净亏损以“-”号填列）		
五、其他综合收益的税后净额		
六、综合收益总额		
七、每股收益		
（一）基本每股收益		
（二）稀释每股收益		

单位负责人：　　　　　　　　财务负责人：　　　　　　　　制表人：

（一）利润表的编制步骤

第一步，以营业收入为基础，计算营业利润。其计算公式为：

营业利润=营业收入−营业成本−营业税金及附加−销售费用−管理费用−财务费用−资产减值损失+公允价值变动收益（−公允价值变动损失）+投资收益（−投资损失）

第二步，以营业利润为基础，计算利润总额。其计算公式为：

利润总额=营业利润+营业外收入−营业外支出

第三步，以利润总额为基础，计算净利润。其计算公式为：

净利润=利润总额−所得税费用

此外，对于普通股或潜在普通股已公开交易的企业，以及正处于公开发行普通股或潜在普通股过程中的企业，还应当在利润表中列示“每股收益”信息。

（二）利润表项目的填列方法

利润表各项目均需填列“本期金额”和“上期金额”两栏。利润表“本期金额”“上期金额”栏内各项数字，除“每股收益”项目外，均应当按照相关科目的发生额分析填列。

利润表项目的填列说明，见表9-5。

表9-5　利润表项目填列说明

序号	项目	反映内容	填列说明
1	营业收入	反映企业经营主要业务和其他业务所确认的收入总额	应根据“主营业务收入——自营出口销售收入”“主营业务收入——自营进口销售收入”和“其他业务收入”账户的净发生额分析填列
2	营业成本	反映企业经营主要业务和其他业务所发生的成本总额	应根据“主营业务成本——自营出口销售成本”“主营业务成本——自营进口销售成本”和“其他业务成本”账户的净发生额分析填列
3	营业税金及附加	反映企业经营业务应负担的消费税、营业税、城市建设维护税、资源税、土地增值税和教育费附加等	应根据“营业税金及附加”账户的净发生额分析填列
4	销售费用	反映企业在销售商品过程中发生的包装费、广告费等费用和为销售本企业商品而专设的销售机构的职工薪酬、业务费等经营费用	应根据“销售费用”账户的净发生额分析填列
5	管理费用	反映企业为组织和管理生产经营发生的管理费用	应根据“管理费用”的净发生额分析填列
6	财务费用	反映企业筹集生产经营所需资金等而发生的筹资费用	应根据“财务费用”账户的净发生额加上“汇兑损益”账户的借方净发生额分析填列

续表

序号	项目	反映内容	填列说明
7	资产减值损失	反映企业各项资产发生的减值损失	应根据“资产减值损失”账户的净发生额分析填列
8	公允价值变动收益	反映企业应当计入当期损益的资产或负债公允价值变动收益	应根据“公允价值变动损益”账户的净发生额分析填列，如为净损失，本项目以“-”号填列
9	投资收益	反映企业以各种方式对外投资所取得的收益	应根据“投资收益”账户的净发生额分析填列。如为投资损失，本项目以“-”号填列
10	营业利润	反映企业实现的营业利润	填营业利润额，如为亏损，本项目以“-”号填列
11	营业外收入	反映企业发生的与经营业务无直接关系的各项收入	应根据“营业外收入”账户的净发生额分析填列
12	营业外支出	反映企业发生的与经营业务无直接关系的各项支出	应根据“营业外支出”账户的净发生额分析填列
13	利润总额	反映企业实现的利润	填利润总额，如为亏损，本项目以“-”号填列
14	所得税费用	反映企业应从当期利润总额中扣除的所得税费用	应根据“所得税费用”账户的净发生额分析填列
15	净利润	反映企业实现的净利润	填净利润额，如为亏损，本项目以“-”号填列

实例2

某外贸企业2021年度利润表累计发生额，见下表。

2021年度利润表累计发生额

编制单位：　　　　　　　　年　　月　　日　　　　　　　　单位：元

科目名称	借方发生额	贷方发生额
主营业务收入——自营出口销售收入		6 400 000
主营业务收入——自营进口销售收入		3 600 000
主营业务收入——自营出口销售成本	3 800 000	
主营业务收入——自营进口销售成本	2 600 000	
主营业务收入——来料加工出口销售收入		400 000

续表

科目名称	借方发生额	贷方发生额
主营业务收入——来料加工出口销售	200 000	
营业税金及附加	160 000	
销售费用	500 000	
管理费用	1 540 000	
财务费用	320 000	
其中：汇兑损益	220 000	
资产减值损失	42 000	
投资收益		62 000
营业外收入		24 000
营业外支出	34 000	
所得税费用		

根据以上资料，编制的该外贸企业2021年度利润表见下表。

利润表

会企02表

编制单位：××进出口公司　　2021年12月31日　　单位：元

项目	本期金额	上期金额
一、营业收入	10 400 000	
减：营业成本	6 600 000	
营业税金及附加	160 000	
销售费用	500 000	
管理费用	1 540 000	
财务费用	320 000	
资产减值损失	42 000	
加：公允价值变动损益（损失以“−”号填列）		
投资收益（损失以“−”号填列）	62 000	
其中：对联营企业和合营企业的投资收益		
二、营业利润（亏损以“−”号填列）	1 300 000	
加：营业外收入	24 000	
减：营业外支出	34 000	
其中：非流动资产处置损失		
三、利润总额（亏损总额以“−”号填列）	1 290 000	

续表

项目	本期金额	上期金额
减：所得税费用	322 500	
四、净利润（净亏损以“–”号填列）	967 500	
五、每股收益		
（一）基本每股收益		
（二）稀释每股收益		

单位负责人：××× 财务负责人：××× 制表人：×××

三、现金流量表

现金流量表是反映企业在一定会计期间现金和现金等价物流入和流出的报表。现金流量表是以现金为基础编制的，这里的现金是广义的概念，包括现金及现金等价物。

（一）现金流量表的内容

根据相关财会法规的规定，现金流量主要分为三类，各自的详细内容见表9-6。

表9-6 现金流量的类型

种类	说明	列示项目
经营活动现金流量	即企业投资活动和筹资活动以外的所有交易和事项引起的现金流量	（1）销售商品、提供劳务收到的现金 （2）收到的税费返还 （3）收到其他与经营活动有关的现金 （4）购买商品、接受劳务支付的现金 （5）支付给员工以及为员工支付的现金 （6）支付的各项税费 （7）支付其他与经营活动有关的现金
投资活动现金流量	即企业长期资产的购建和不包括在现金等价物范围的投资及其处置活动引起的现金流量	（1）收回投资收到的现金 （2）取得投资收益收到的现金 （3）处置固定资产、无形资产和其他长期资产收回的现金净额 （4）处置子公司及其他营业单位收到的现金净额 （5）收到其他与投资活动有关的现金 （6）购建固定资产、无形资产和其他长期资产支付的现金 （7）投资支付的现金 （8）取得子公司及其他营业单位支付的现金净额 （9）支付其他与投资活动有关的现金

续表

种类	说明	列示项目
筹资活动现金流量	即导致企业资本及债务规模和构成发生变化的活动引起的现金流量	（1）吸收投资收到的现金 （2）取得借款收到的现金 （3）收到其他与筹资活动有关的现金 （4）偿还债务支付的现金 （5）分配股利、利润或偿付利息支付的现金 （6）支付其他与筹资活动有关的现金

（二）现金流量表的结构

现金流量表的结构，见表9-7。

表9-7　现金流量表

编制企业：　　××××年×月×日　　单位：元

项目	行次	金额
一、经营活动产生的现金流量	1	
销售商品、提供劳务收到的现金	2	
收到的税费返还	3	
收到的其他与经营活动有关的资金	4	
现金流入小计	5	
购买商品、接受劳务支付的现金	6	
支付给职工以及未支付的现金	7	
支付的各项税费	8	
支付的其他与经营活动有关的现金	9	
现金流出小计	10	
经营活动产生的现金流量净额	11	
二、投资活动产生的现金流量	12	
收回投资所收到的现金	13	
取得投资收益所收到的现金	14	
处置固定资产、无形资产和其他长期资产所收到的现金净额	15	
收到的其他与投资活动有关的现金	16	
现金流入小计	17	
购建固定资产、无形资产和其他资产所支付的现金	18	
投资所支付的现金	19	
支付的其他与投资活动有关的现金	20	
现金流出小计	21	

续表

项目	行次	金额
投资活动产生的现金流量净额	22	
三、筹资活动所产生的现金流量	23	
吸收投资所收到的资金	24	
借款所收到的现金	25	
收到的其他与筹资活动有关的现金	26	
现金流入小计	27	
偿还债务所支付的现金	28	
分配股利、利润或偿付利息所支付的现金	29	
支付的其他与筹资活动有关的现金	30	
现金流出小计	31	
筹资活动产生的现金流量净额	32	
四、汇率变动对现金的影响	33	
五、现金及现金等价物净增加额	34	
补充资料	35	
1.将净利润调节为经营活动现金流量	36	
净利润	37	
加：计提的坏账准备或转销的坏账	38	
固定资产折旧	39	
无形资产摊销	40	
长期待摊费用减少（减：增加）	41	
处置固定资产、无形资产和其他长期资产的损失（减：收益）	42	
固定资产报废损失	43	
财务费用	44	
投资损失（减：收益）	45	
递延所得税负债增加（减：减少）	46	
存货的减少（减：增加）	47	
经营性应收项目的减少（减：增加）	48	
经营性应付项目的增加（减：减少）	49	
其他	50	
经营活动产生的现金流量净额	51	
2.不涉及现金收支的重大投资和筹资活动	52	
债务转为资本	53	

续表

项目	行次	金额
一年内到期的可转换公司债券	54	
3.现金及现金等价物净增加情况	55	
现金期末余额	56	
减：现金的期初余额	57	
加：现金等价物期末余额	58	
减：现金等价物期初余额	59	
现金及现金等价物净增加额	60	

（三）现金流量表的编制

国际会计准则鼓励企业采用直接法编制现金流量表。

直接法是指通过现金收入和现金支出的主要类别列示经营活动的现金流量。在实务中，一般以利润表中的营业收入、营业成本等数据为基础，将收入调整为实际收现数，将费用调整为实际付现数，并以一定的类别反映在现金流量表上。

我国《企业会计准则31号——现金流量表》中要求采用直接法编制现金流量表，但现金流量表的补充资料采用间接法反映经营活动的现金流量情况，以对现金流量表中采用直接法反映的经营活动现金流量进行核对和补充说明。采用直接法具体编制现金流量表时，可以采用工作底稿法或T型账户法，也可以根据有关科目记录分析填列。

1.经营活动产生的现金流量

经营活动产生的现金流量的填列要求，见表9-8。

表9-8　经营活动产生的现金流量的填列要求

序号	栏目	计算公式
1	销售商品、提供劳务收到的现金	销售商品、提供劳务收到的现金＝销售商品、提供劳务产生的“收入和增值税销项税额”＋应收票据本期减少额（期初余额－期末余额）＋应收账款本期减少额（期初余额－期末余额）＋预收账款本期增加额（期末余额－期初余额）
2	收到的税费返还	收到的税费返还＝（其他应收款期初余额－其他应收款期末余额）＋补贴收入＋所得税本期贷方发生额累计数
3	收到其他与经营活动有关的现金	收到的其他与经营活动有关的现金＝营业外收入相关明细本期贷方发生额＋其他业务收入相关明细本期贷方发生额＋其他应收款相关明细本期贷方发生额＋其他应付款相关明细本期贷方发生额＋银行存款利息收入（公式一） 具体操作中，由于是根据两大主表和部分明细账簿编制现金流量表，数据很难精确，该项目留到最后倒挤填列，计算公式是：

续表

序号	栏目	计算公式
3	收到其他与经营活动有关的现金	收到的其他与经营活动有关的现金＝补充资料中“经营活动产生的现金流量净额”－［（1+2）－（4+5+6++7）］（公式二） 公式二产生的数据，与公式一计算的结果相差不会太大
4	购买商品、接受劳务支付的现金	购买商品、接受劳务支付的现金＝当期购买商品、接受劳务支付的现金（销售成本和增值税进项税额）＋应付账款本期减少额（期初余额－期末余额）＋应付票据本期减少额（期初余额－期末余额）＋预付账款本期增加额（期末余额－期初余额）＋存货本期增加额（期末余额－期初余额）
5	支付给职工以及为职工支付的现金	支付给职工以及为职工支付的现金＝“应付工资”科目本期借方发生额累计数＋“应付福利费”科目本期借方发生额累计数＋管理费用中“养老保险金”“待业保险金”“住房公积金”“医疗保险金”＋成本及制造费用明细表中的“劳动保护费”
6	支付的各项税费	支付的各项税费＝“应交税费”各明细账户本期借方发生额累计数＋“其他应交款”各明细账户借方数＋“管理费用”中“税金”本期借方发生额累计数＋“其他业务支出”中有关税金项目 即：实际缴纳的各种税金和附加税，不包括进项税
7	支付其他与经营活动有关的现金	支付的其他与经营活动有关的现金＝营业外支出（剔除固定资产处置损失）＋管理费用（剔除工资、福利费、劳动保险金、待业保险金、住房公积金、养老保险、医疗保险、折旧、坏账准备或坏账损失、列入的各项税金等）＋营业费用、成本及制造费用（剔除工资、福利费、劳动保险金、待业保险金、住房公积金、养老保险、医疗保险等）＋其他应收款本期借方发生额＋其他应付款本期借方发生额＋银行手续费

2.投资活动产生的现金流量

投资活动产生的现金流量的填列要求，见表9-9。

表9-9　投资活动产生的现金流量的填列要求

序号	栏目	计算公式
1	收回投资收到的现金	收回投资所收到的现金＝（短期投资期初数－短期投资期末数）＋（长期股权投资期初数－长期股权投资期末数）＋（长期债权投资期初数－长期债权投资期末数） 该公式中，如期初数小于期末数，则在投资所支付的现金项目中核算
2	取得投资收益收到的现金	取得投资收益所收到的现金＝利润表投资收益－（应收利息期末数－应收利息期初数）－（应收股利期末数－应收股利期初数）

续表

序号	栏目	计算公式
3	处置固定资产、无形资产和其他长期资产收回的现金净额	处置固定资产、无形资产和其他长期资产所收回的现金净额=“固定资产清理”的贷方余额+（无形资产期末数－无形资产期初数）+（其他长期资产期末数－其他长期资产期初数）
4	处置子公司及其他营业单位收到的现金净额	处置子公司及其他营业单位收到的现金净额=所收到的处置现金对价－该子公司和其他营业单位在处置日所持有的现金及现金等价物－相关处置费
5	购建固定资产、无形资产和其他长期资产支付的现金	购建固定资产、无形资产和其他长期资产所支付的现金=（在建工程期末数－在建工程期初数）（剔除利息）+（固定资产期末数－固定资产期初数）+（无形资产期末数－无形资产期初数）+（其他长期资产期末数－其他长期资产期初数） 上述公式中，如期末数小于期初数，则在处置固定资产、无形资产和其他长期资产所收回的现金净额项目中核算
6	投资支付的现金	投资所支付的现金=（短期投资期末数－短期投资期初数）+（长期股权投资期末数－长期股权投资期初数）（剔除投资收益或损失）+（长期债权投资期末数－长期债权投资期初数）（剔除投资收益或损失） 该公式中，如期末数小于期初数，则在收回投资所收到的现金项目中核算
7	取得子公司及其他营业单位支付的现金净额	取得子公司及其他营业单位支付的现金净额=企业购买子公司及其他营业单位购买出价中以现金支付的部分－子公司及其他营业单位持有的现金和现金等价物 本项目可以根据“长期股权投资”“库存现金”“银行存款”等科目的记录分析填列
8	收到其他与投资活动有关的现金、支付其他与投资活动有关的现金	如收回融资租赁设备本金、如投资未按期到位罚款等

3.筹资活动产生的现金流量

筹资活动产生的现金流量的填列要求，见表9-10。

表9-10　筹资活动产生的现金流量的填列要求

序号	栏目	计算公式
1	吸收投资收到的现金	吸收投资所收到的现金=（实收资本或股本期末数－实收资本或股本期初数）+（应付债券期末数－应付债券期初数）
2	取得借款收到的现金	借款收到的现金=（短期借款期末数－短期借款期初数）+（长期借款期末数－长期借款期初数）
3	偿还债务支付的现金	偿还债务所支付的现金=（短期借款期初数－短期借款期末数）+（长期借款期初数－长期借款期末数）（剔除利息）+（应付债券期初数－应付债券期末数）（剔除利息）

续表

序号	栏目	计算公式
4	分配股利、利润或偿付利息支付的现金	分配股利、利润或偿付利息所支付的现金＝应付股利借方发生额＋利息支出＋长期借款利息＋在建工程利息＋应付债券利息－票据贴现利息支出
5	收到其他与筹资活动有关的现金，支付其他与筹资活动有关的现金	反映企业除上述1～4项目外收到或支付的其他与筹资活动有关的现金，金额较大的应当单独列示

4.汇率变动对现金及现金等价物的影响

“汇率变动对现金及现金等价物的影响”项目，反映企业外币现金流量及境外子公司的现金流量采用现金流量发生日的即期汇率折算的人民币金额，与企业外币现金及现金等价物净增加额按期末汇率折算的人民币金额之间的差额。该项目根据“财务费用——汇兑损益”账户的净发生额填列。

（四）补充资料的说明

根据《企业会计准则》的规定，现金流量表必须要有附注资料，对各种相关信息进行披露。

1.将净利润调节为经营活动现金流量

企业应当在附注中披露将净利润调节为经营活动现金流量的信息。至少应当单独披露对净利润进行调节的资产减值准备，固定资产折旧，无形资产摊销，长期待摊费用，财务费用，存货，处置固定资产、无形资产和其他长期资产的损益，投资损益，递延所得税资产和递延所得税负债、经营性应收项目、经营性应付项目等项目。

将净利润调节为经营活动现金流量项目的填写说明，见表9-11。

表9-11　将净利润调节为经营活动现金流量项目的填写说明

序号	项目	计算公式
1	净利润	该项目根据利润表净利润数额填列
2	计提的资产减值准备	该项目金额＝本期计提的各项资产减值准备女生额累计数 注：直接核销的坏账损失不计入
3	固定资产折旧	固定资产折旧＝制造费用中的折旧＋管理费用中的折旧 或：＝累计折旧期末数－累计折旧期初数 注：未考虑因固定资产对外投资而减少的折旧
4	无形资产摊销	该项目金额＝无形资产累计摊销（期末数－期初数） 或＝无形资产累计摊销贷方发生额累计数 注：未考虑因无形资产对外投资而减少的摊销

续表

序号	项目	计算公式
5	长期待摊费用摊销	该项目金额＝长期待摊费用（期末数－期初数） 或＝长期待摊费用贷方发生额累计数
6	外置固定资产、无形资产和其他长期资产的损失（减：收益）	根据固定资产清理及资产处置损益明细账分析填列
7	固定资产报废损失	根据固定资产清理及营业外支出明细账分析填列
8	财务费用	该项目金额＝利息支出－应收票据的贴现利息
9	投资损失（减：收益）	该项目金额＝投资收益（借方余额正号填列，贷方余额负号填列）
10	递延所得税资产减少（减：增加）	该项目金额＝递延所得税资产（期末数－期初数）
11	递延所得税负债增加（减：减少）	该项目金额＝递延所得税负债（期末数－期初数）
12	存货的减少（减：增加）	该项目金额＝存货（期末数－期初数） 注：未考虑存货对外投资的减少
13	经营性应收项目的减少（减：增加）	该项目金额＝应付账款（期末数－期初数）＋应收票据（期末数－期初数）＋预付账款（期末数－期初数）＋其他应收款（期末数－期初数）－坏账准备期末余额
14	经营性应付项目的增加（减：减少）	该项目金额＝应付账款（期末数－期初数）＋预收账款（期末数－期初数）＋应付票据（期末数－期初数）＋应付职工薪酬（期末数－期初数）＋应交税费（期末数－期初数）＋其他应付款（期末数－期初数）

2. 不涉及现金收支的重大投资和筹资活动

企业应当在附注中披露不涉及当期现金收支、但影响企业财务状况或在未来可能影响企业现金流量的重大投资和筹资活动。

3. 现金流量增加额

即通过对现金、银行存款、其他货币资金账户以及现金等价物的期末余额与期初余额比较而得到的数额。

小提示

现金流量增加额的数据必须要与流量表中的“现金及现金等价物净增加额”完全一致。

第三节　对内报表

外贸企业除需要编制资产负债表、利润表、现金流量表、所有者权益变动表之外，还需要编制一些与企业经营特点相关的会计报表，仅提供给企业内部使用。这种不对外公开的会计报表称为对内报表，主要有主要进口商品销售成本及盈亏表、主要出口商品成本及盈亏表等。

一、主要进口商品销售成本及盈亏表

主要进口商品销售成本及盈亏表是反映外贸企业季度、年度主要进口商品销售收入、销售总成本、商品进价及盈亏额情况的会计报表。

（一）主要进口商品销售成本及盈亏表的格式

主要进口商品销售成本及盈亏表的格式，见表9-12。

表9-12　主要进口商品销售成本及盈亏表

单位：元

<table>
<tr><th rowspan="4">商品名称</th><th rowspan="4">计量单位</th><th rowspan="4">销售数量</th><th colspan="2" rowspan="2">销售收入</th><th colspan="8">销售总成本</th><th colspan="4">盈亏额</th></tr>
<tr><th rowspan="3">总值</th><th colspan="6">商品进价</th><th rowspan="3">销售税金附加</th><th colspan="2">本年</th><th colspan="2">上年同期</th></tr>
<tr><th rowspan="2">单位</th><th rowspan="2">金额</th><th rowspan="2">合计</th><th colspan="3">国外进价</th><th rowspan="2">进口关税及消费税</th><th rowspan="2">进口费用</th><th rowspan="2">单位盈亏</th><th rowspan="2">总额</th><th rowspan="2">单位盈亏</th><th rowspan="2">总额</th></tr>
<tr><th>美元单价</th><th>美元金额</th><th>人民币金额</th></tr>
<tr><td>1</td><td>2</td><td>3</td><td>4</td><td>5</td><td>6</td><td>7</td><td>8</td><td>9</td><td>10</td><td>11</td><td>12</td><td>13</td><td>14</td><td>15</td><td>16</td><td>17</td></tr>
<tr><td colspan="3">合计</td><td></td><td></td><td></td><td></td><td></td><td></td><td></td><td></td><td></td><td></td><td></td><td></td><td></td><td></td></tr>
<tr><td></td><td></td><td></td><td></td><td></td><td></td><td></td><td></td><td></td><td></td><td></td><td></td><td></td><td></td><td></td><td></td><td></td></tr>
<tr><td></td><td></td><td></td><td></td><td></td><td></td><td></td><td></td><td></td><td></td><td></td><td></td><td></td><td></td><td></td><td></td><td></td></tr>
<tr><td></td><td></td><td></td><td></td><td></td><td></td><td></td><td></td><td></td><td></td><td></td><td></td><td></td><td></td><td></td><td></td><td></td></tr>
</table>

财务负责人：　　　　　　　　复核人：　　　　　　　　制表人：

（二）主要进口商品销售成本及盈亏表的填列要求

主要进口商品销售成本及盈亏表的填列要求，见表9-13。

表9-13　主要进口商品销售成本及盈亏表的填列要求

序号	栏目	填列要求
1	商品名称和计量单位	按照国家海关统一编制的海关商品码目录执行
2	销售收入	按照各有关进口销售收入账户及其明细账户的发生额分析填列
3	销售总成本	填列方法有以下几种： ①“总值”项应按“商品进价”（国外进价加进口关税及消费税）加“进口费用”和“销售税金及附加”后的金额填列 ②“商品进价”中“国外进价”项下“人民币金额”栏应按有关进口销售成本账户发生额分析填列 ③“美元金额”栏应按期末中国人民银行公布的美元对人民币汇价或国家规定的美元折算价折算后填列。所折算的美元金额除以销售数量得出“美元单价” ④“进口费用”项按照进口商品营业费用和应分摊到进口商品的管理费用和财务费用计算填列。其中，营业费用一般应直接认定到商品，管理费用和财务费用应按照合理方法在账外分摊计入各有关进口商品 ⑤“销售税金及附加”项应按照销售税金及附加科目有关内容分析填列。其中，能直接认定到商品的应直接认定；不能直接认定到商品的在账外合理分摊
4	盈亏额	应按照“销售收入”减去“销售总成本”后的金额填列

二、主要出口商品成本及盈亏表

（一）主要出口商品成本及盈亏表的格式

主要出口商品成本及盈亏表是反映外贸企业季度、年度自营出口销售收入、出口总成本、盈亏总额和出口美元成本等情况的会计报表，见表9-14。

（二）主要出口商品成本及盈亏表的填列要求

主要出口商品成本及盈亏表的填列要求，见表9-15。

表9-14 主要出口商品成本及盈亏表

<table>
<tr><th rowspan="4">商品名称</th><th rowspan="4">计量单位</th><th rowspan="4">销售数量</th><th colspan="3">销售收入</th><th colspan="9">出口总成本</th><th rowspan="4">盈亏总额</th><th colspan="4">出口美元成本（元）</th></tr>
<tr><th colspan="2">折美元</th><th rowspan="3">人民币金额</th><th rowspan="3">总值</th><th colspan="7">出口经营成本</th><th rowspan="3">出口间接费用</th><th colspan="4">本年上年同期</th></tr>
<tr><th rowspan="2">单位</th><th rowspan="2">金额</th><th colspan="3">商品进价</th><th rowspan="2">出口直接费用</th><th rowspan="2">消费税退税</th><th rowspan="2">出口关税</th><th rowspan="2">合计</th><th rowspan="2">经营成本</th><th rowspan="2">总成本</th><th rowspan="2">经营成本</th><th rowspan="2">总成本</th></tr>
<tr><th>单位</th><th>金额</th><th>其中：增值税未退金额</th></tr>
<tr><td>1</td><td>2</td><td>3</td><td>4</td><td>5</td><td>6</td><td>7</td><td>8</td><td>9</td><td>10</td><td>11</td><td>12</td><td>13</td><td>14</td><td>15</td><td>16</td><td>17</td><td>18</td><td>19</td><td>20</td></tr>
<tr><td colspan="3">合计</td><td></td><td></td><td></td><td></td><td></td><td></td><td></td><td></td><td></td><td></td><td></td><td></td><td></td><td></td><td></td><td></td><td></td></tr>
<tr><td></td><td></td><td></td><td></td><td></td><td></td><td></td><td></td><td></td><td></td><td></td><td></td><td></td><td></td><td></td><td></td><td></td><td></td><td></td><td></td></tr>
<tr><td></td><td></td><td></td><td></td><td></td><td></td><td></td><td></td><td></td><td></td><td></td><td></td><td></td><td></td><td></td><td></td><td></td><td></td><td></td><td></td></tr>
<tr><td></td><td></td><td></td><td></td><td></td><td></td><td></td><td></td><td></td><td></td><td></td><td></td><td></td><td></td><td></td><td></td><td></td><td></td><td></td><td></td></tr>
</table>

表9-15 主要出口商品成本及盈亏表的填列要求

序号	栏目	填列要求
1	商品名称和计量单位	按照国家海关统一编制的海关商品码目录执行
2	销售收入	栏中“人民币金额”应按“主营业务收入——自营出口销售收入”账户及有关明细账户发生额分析填列。“折美元”下的“金额”应按照“人民币金额”除以期末国家美元外汇牌价或国家规定的美元折算价计算填列。“折美元”下的“金额”除以销售数量即可得出“折美元”下的“单价”金额
3	出口总成本	总值由“出口经营成本”加“出口间接费用”组成。按“主营业务成本——自营出口销售成本”账户及有关明细账户发生额分析填列
4	出口经营成本	由“商品进价”加“出口直接费用”减“消费税退税”加“出口关税”组成
5	盈亏总额	按照“销售收入”减去“出口总成本”后的金额填列
6	出口美元成本（元）	栏下“经营成本”应根据“出口每美元经营成本（元）= 出口经营成本 ÷ 销售收入（美元）”公式计算填列。“总成本”应根据“出口每美元总成本（元）= 出口总成本 ÷ 销售收入（美元）”公式计算填列